AF300009

LES FORMES NOUVELLES

DE

L'ASSURANCE

CONTRE LE CHOMAGE

PAR

Louis VARLEZ

PRÉSIDENT DU FONDS DE CHÔMAGE GANTOIS

PARIS

ARTHUR ROUSSEAU, ÉDITEUR

14, RUE SOUFFLOT ET RUE TOULLIER, 13

1903

LES FORMES NOUVELLES

DE

L'ASSURANCE

CONTRE LE CHÔMAGE

LES FORMES NOUVELLES

DE

L'ASSURANCE

CONTRE LE CHÔMAGE

PAR

Louis VARLEZ

PRÉSIDENT DU FONDS DE CHÔMAGE GANTOIS

PARIS

Librairie nouvelle de droit et de jurisprudence

ARTHUR ROUSSEAU, ÉDITEUR

14, RUE SOUFFLOT ET RUE TOULLIER, 13

1903

LES FORMES NOUVELLES

DE

L'ASSURANCE CONTRE LE CHÔMAGE

INTRODUCTION

L'insécurité de la vie ouvrière et la recherche des moyens d'y remédier constituent peut-être, comme le déclarait naguère M. Cheysson, le plus grave problème de la question ouvrière.

Tant que le travail se poursuivra régulièrement, la condition de l'ouvrier peut être médiocre, mais son existence demeure dans sa condition normale. L'expérience montre qu'en dehors de certains cas extrêmes et rares, il est toujours possible d'équilibrer un budget dont les rentrées sont régulières. On s'habitue à tous les genres de vie.

Ce qui fait la misère de la vie ouvrière, c'est plus encore l'irrégularité que le niveau uniformément bas du salaire.

Cette insécurité est propre à la classe ouvrière, car beaucoup, sinon la majorité des ouvriers, sont actuellement dans l'impossibilité physique ou morale de réunir les réserves d'épargne qui seraient nécessaires à la prévoyance en vue de tous les malheurs de la vie.

L'assurance — qui est la répartition sur un grand nombre de têtes du malheur qui vient parfois à peser si lourdement sur quelques-unes, et partant l'allègement général — vient sans doute diminuer considérablement la charge et partant les conséquences de l'insécurité.

C'est là ce qu'ont tenté d'obtenir les assurances obligatoires allemandes, qui comprennent déjà la réparation des conséquences pécuniaires des maladies, des accidents, de l'invalidité et de la vieillesse. On en est si satisfait en Allemagne qu'on veut les étendre encore aux deux dernières grandes causes de la misère involontaire, le décès prématuré, par l'assurance des veuves et des orphelins, et le chômage.

Ainsi sera réduit dans des proportions considérables, presque anéanti, le grand grief de la classe ouvrière contre la civilisation moderne, et la sécurité de l'existence de l'ouvrier lui sera assurée dans une mesure à laquelle ne peuvent même pas prétendre les membres des autres classes de la société.

Voilà le beau côté de la législation sociale allemande. Il est indiscutable que, malgré son socialisme si bien organisé et si prudemment dirigé et enrégimenté, l'ouvrier allemand est moins révolutionnaire que celui d'aucun autre des grands pays civilisés.

Reconnaissons d'ailleurs que l'assurance obligatoire peut être envisagée à beaucoup d'autres points de vue que nous négligeons ici.

Mais, dans les autres pays aussi, la lutte contre l'insécurité de la vie a été énergiquement entreprise, et l'on voit que, dans toutes les mesures de prophylaxie sociale, les pouvoirs publics sont intervenus avec des succès de plus en plus décisifs.

Contre la maladie, existaient depuis longtemps les hôpitaux et les hospices, et la charité privée est toujours largement intervenue tant

dans les secours aux malades que dans l'érection
des dispensaires et hôpitaux. Plus récemment,
on a organisé les sociétés de secours mutuels ;
dans leur administration et leur direction,
l'Etat prend une part toujours plus grande, de
manière à généraliser l'assurance volontaire
quand il n'organise pas d'emblée l'assurance
obligatoire. Ce n'est guère que dans ces dernières années que l'hygiène est devenue une
science, respectée et respectable : presque ins-
tantanément la durée de la vie humaine a été
prolongée d'un tiers. Maintenant on organise
les sanatoria qui mettent à la portée des mal-
heureux les cures d'air et de repos qui n'étaient
jusqu'ici que le partage des seuls riches.

Contre l'accident du travail, les mesures ont
été presque aussi nombreuses : là où l'assurance
obligatoire ou facultative n'existe pas encore,
on a introduit dans tous les cas le principe de
la responsabilité de l'industrie et l'indemnisation forfaitaire. A cette répression des conséquences des accidents s'est jointe une masse de
mesures préventives, dont l'application et la
direction sont confiées à des inspecteurs du
travail, toujours plus nombreux et plus écoutés.
Les industriels, constructeurs et consomma-

teurs de machines, ne restent pas en retard et presque chaque jour on invente un nouvel appareil protecteur dont le placement est surveillé et préconisé par des associations mutuelles d'industriels. Si l'accident du travail ne devient pas plus rare qu'avant toutes ces mesures, il est indiscutable qu'il ne prend pas les développements colossaux qu'on eût dû redouter pendant la période actuelle d'organisation mécanique de l'industrie : dans les rares industries où le développement mécanique est antérieur à notre génération, comme dans les mines, la lutte se poursuit maintenant avec un plein succès et l'accident recule.

L'invalidité prématurée est un phénomène dont l'étude n'a été entreprise que dans les dernières années du siècle qui vient de finir, à la suite de l'audacieuse initiative d'assurance de l'Empire allemand. Le phénomène, jusque-là inétudié à peine dégagé dans ses conséquences terribles, on a entrepris la lutte. L'Allemagne a pris naturellement là, la place prépondérante que lui assurait son matériel statistique incomparable. On a été chercher l'invalidité dans sa cause profonde, la maladie non guérie. On ne se contente plus de soigner dans le malade les manifestations extérieures du mal, de réprimer les crises maladives, on veut extirper le mal dans sa racine, guérir les hommes et non soigner les maladies. On a découvert qu'il était plus économique de rendre la santé complète que de traiter superficiellement la maladie, qui devient un champ de rapport régulier pour le médecin.

Par centaines, s'élèvent déjà en Allemagne les sanatoria où l'on guérit enfin la bronchite, la phtisie, les maladies syphilitiques, le rhumatisme chronique et tant d'autres affections jadis réputées incurables. D'Allemagne le réseau des sanatoria commence à s'étendre en Europe : la lutte contre l'invalidité est partout entreprise.

La vieillesse ne se guérit ni ne se prévient, mais le législateur comprend chaque jour mieux que la vieillesse n'est pas un crime ou un châtiment dont toutes les mauvaises conséquences doivent rester à la charge de l'individu. Les causes de la misère qui suit la vieillesse sont sociales : aussi l'entretien et l'indemnisation du vieillard doivent-ils être pour partie au moins sociaux. On affirme et on admet souvent que la société qui a profité du travail de l'adulte peut et doit prélever sur l'industrie de quoi entretenir ceux qui sont devenus incapables de travailler. L'homme vieilli ne peut être traité comme une machine usée et jeté au vieux fer.

Sans doute, on peut concevoir l'amortissement de la force de travail comme une charge individuelle, forcer l'intéressé à épargner toute sa vie dans ce but et borner la mission sociale de l'Etat à donner quelques encouragements à cet effort. Mais est-il un seul industriel sérieux qui ouvre ainsi un compte d'amortissement à chacun de ses outils ? tous les commerçants ne trouvent-ils pas plus simple d'amortir l'ensemble de leur entreprise et d'ouvrir un compte social à l'amortissement ? La vieillesse des ouvriers comme celle des machines est un risque, ou mieux une nécessité professionnelle. Le problème n'est pas autre parce qu'au lieu d'un seul industriel, il y a un Etat, et dans cet Etat des millions d'hommes occupés à vieillir. Sans doute, la paperasserie officielle sera diminuée de beaucoup quand les comptes de retraite individuels seront supprimés ; mais ceux qui tiennent ces écritures peuvent facilement trouver ailleurs un emploi rémunérateur.

Cependant, quoique partout on marche vers

cette conception, réalisée en Nouvelle-Zélande, en Danemark, transitoirement en Belgique, énergiquement préconisée en France, en Angleterre, même en Allemagne, où on trouve le collage des timbres un travail inutile, fastidieux et dégoûtant, on est encore loin de cette solution. Aujourd'hui on s'occupe des vieillards, partout on encourage la constitution de pensions de retraites, on ouvre des hospices de vieillards, des maisons de refuge, et il n'est personne pour qui la charité publique et privée se montre aussi généreuse et bienveillante. Mais au xxe siècle la charité est un mot bien vieux.

Les veuves et les orphelins, victimes de la mort prématurée du chef de ménage, sont secourus maintenant aussi et en Allemagne l'assurance obligatoire contre ce risque paraît devoir être réalisée par le nouveau Parlement. Mais, dans les autres pays, la question est moins avancée et on n'a encore comme moyen d'y remédier que l'assurance facultative. Celle-ci prend des développements plus rapides qu'aucune autre forme d'assurance. On cite souvent les chiffres fabuleux des primes touchées et payées par les grandes Compagnies d'assurance capitalistes ou soi-disant mutuelles. Mais dans le peuple même, du moins en Grande-Bretagne, en Hollande, en Belgique flamande, cette forme d'assurance est devenue plus fréquente qu'aucune autre et a pris le nom caractéristique d'assurance « populaire » sur la vie. Pour les non assurés, on a les orphelinats, les OEuvres des Veuves qui se développent rapidement, la charité publique et privée, qui trouvent dans la mort du chef de ménage une bonne pierre de touche de la misère. D'ailleurs, presque toutes les sociétés ouvrières, syndicats, mutualités, coopératives, gildes diverses, bien des patrons aussi, donnent quelques secours à la famille des décédés.

Comme sixième grande cause d'insécurité, il y a le chômage, plus dangereux encore que les maux ci-dessus énumérés. La maladie et l'accident léger n'agissent que sur le corps de l'homme et la santé revenue efface bientôt les traces du mal, de telle sorte que la victime guérie et intacte peut reprendre son travail. L'accident grave, l'invalidité, la vieillesse n'atteignent que des ouvriers dont le rôle industriel est fini et qui n'auront plus qu'à mener une vie en quelque sorte végétative, en épaves vivantes à côté de la société active et productive qui continuera à les soutenir. Les veuves et les orphelins ne sont pas encore ou ne sont plus des travailleurs.

Le chômeur, au contraire, est un adulte, sain de corps, apte à travailler et qui vit dans une oisiveté forcée aussi longtemps que dure son chômage, accessible à tous les besoins et à toutes les suggestions mauvaises de la misère. Aux portes des usines où il se rendra chaque jour pour chercher le travail, il trouvera la tourbe des chômeurs d'habitude, des âmes veules et incapables d'efforts, des ratés de la vie, dont il fera sa société si le chômage se prolonge quelque peu. Avec eux il apprendra les plaisirs de l'oisiveté et se laissera souvent séduire. Son aptitude professionnelle s'émoussera, il acceptera des besognes inférieures et commencera la marche rapide de la déchéance professionnelle qui ne s'arrêtera, si elle s'arrête, que lorsque l'ouvrier sera devenu un de ces journaliers désireux seulement de vagues besognes intermittentes: il ne cherchera plus à se reclasser dans la population ouvrière saine et forte. Il y a plus bas encore : le crime, la fainéantise absolue, la mendicité chronique, dont le chômage a si souvent été le point de départ.

Le plus triste, c'est que la charité, publique et privée, est absolument impuissante à remédier au chômage et à diminuer cette misère, car elle ne peut distinguer le chômeur involontaire du mendiant de profession. Au contraire des autres misères de la vie de l'ouvrier, il n'existe ici aucune pierre de touche, aucun indice extérieur, qui distingue le sans-travail digne de pitié. Trop généreuse, la charité fera cent fois plus de mal que de bien en encourageant le chômage d'habitude et en donnant à des travailleurs sains le goût pernicieux du pain obtenu sans travail. Trop dure, trop méticuleuse dans ses enquêtes, elle ne remédiera à rien, arrivera trop tard, et se laissera d'ailleurs souvent leurrer par les misères pompeuses que les professionnels de la charité savent mieux inventer que le vrai pauvre ne peut les dire : l'invention est presque toujours plus colorée, plus belle que la réalité. La juste mesure est impossible à garder, c'est ce que reconnaîtront tous ceux qui se sont occupés du traitement des chômeurs. Entre bienfaiteur et protégé, entre fonctionnaire et assisté, n'existera jamais cette indispensable égalité et confiance qu'on ne peut trouver que dans des œuvres de mutualité.

L'impuissance de la charité en cette matière étant ainsi établie, on ne peut espérer remédier au chômage que par des institutions sociales appropriées. Celles-ci sont déjà nombreuses, et sont d'autant mieux accueillies qu'elles sont indispensables et répondent à un besoin primordial.

L'organisation de la charité, la coopération des diverses œuvres charitables pour faire en commun les enquêtes indispensables diminuent un peu les dangers de la charité imprévoyante, mais en laissent encore subsister beaucoup.

Les Œuvres du travail, où on offre à tous les chômeurs qui se présentent du travail contre salaire permettent de contrôler la bonne volonté du sans-travail, mais ces travaux, généralement improductifs ou à peu près, n'offrent qu'une solution bien imparfaite du grave problème des crises industrielles et du chômage.

Un peu plus efficaces sont les travaux publics ordonnés en cas de crise par l'Etat ou les municipalités. Ils donnent du travail à des chômeurs de certains métiers, mais la masse des sans-travail n'est guère affectée par ces quelques besognes, d'autant plus rares qu'aux époques de crise, les budgets officiels se restreignent presque fatalement.

Heureusement, des moyens plus efficaces, plus naturels, agissant constamment, commencent à se manifester de divers côtés. On en compte trois principaux.

D'abord, la meilleure adaptation de la production aux besoins de la consommation. Les ouvriers organisés cherchent à obtenir ce résultat par la diminution continue du nombre des heures de travail, ce qui paraît un moyen peu efficace, la baisse constante de la durée de la journée de travail ne pouvant répondre aux besoins variables de la consommation. D'ailleurs, la diminution de production résultant de la réduction des heures de travail est presque toujours automatiquement rachetée par les perfectionnements mécaniques qui sont en réserve dans presque toutes les industries et que les patrons n'hésitent à introduire que parce qu'ils ne leur paraissent pas économiques dans les conditions ordinaires de salaires et d'heures de travail.

Les patrons, tout aussi intéressés, si pas

plus, que les ouvriers, à prévenir les crises industrielles, paraissent avoir trouvé un moyen beaucoup plus efficace dans l'organisation de cartels et syndicats. Ceux-ci, bien agencés, empêchent ces exagérations de la production industrielle qui doivent fatalement être compensés par des crises et amènent l'irrégularité du travail sous un régime de laissez-faire absolu. Si, malgré tout, la crise survient encore, et que la production doive être réduite, patrons et ouvriers syndiqués s'entendent presque toujours facilement pour réduire temporairement les heures ou les journées de travail de tous les ouvriers plutôt que d'en renvoyer quelques-uns. Les ouvriers, avec leur esprit de solidarité, acceptent cette solution qui réduit les salaires de tous pour éviter la misère de quelques-uns, tandis que les patrons gardent leur personnel complet pour le jour où l'industrie se relèvera.

Mais il y aura toujours, malgré la meilleure organisation industrielle, des ouvriers qui seront congédiés et chercheront, partant, de l'ouvrage. Pour eux on organise les Bureaux de placement officiels, parfois désignés sous le nom de Bourses du Travail. Les progrès du placement ouvrier, envisagé comme objet d'intérêt public sont récents, mais déjà appréciables et il est certain qu'ils augmenteront considérablement. On n'en est actuellement qu'au début d'un mouvement qui s'étendra grandement.

Enfin il y a l'assurance contre le chômage, c'est-à-dire la remise à l'ouvrier sans travail, qui a régulièrement cotisé pendant la durée de son travail, d'une indemnité pour le temps de son chômage. L'existence de ce chômage, le contrôle de sa réalité matérielle et de son caractère involontaire, est surveillé de près pour éviter les abus, tandis que la remise de l'indemnité évite à l'assuré les maux et les dangers du chômage.

L'examen du rôle que les pouvoirs publics doivent remplir en cette dernière matière forme l'objet du présent travail, d'ordre tout à fait pratique.

Par l'exposé ci-dessus, on peut constater le rôle que cette question joue dans la lutte contre l'insécurité de la vie ouvrière. Pour être la dernière des mesures signalées, elle n'en est pas moins importante.

Parmi toutes les questions appelées sociales, il en est même peu qui soient actuellement aussi discutées et attirent autant l'attention des pouvoirs publics dans tous les pays industriels d'Europe.

L'intérêt que l'on accorde à cette question de l'assurance contre le chômage augmente et diminue suivant l'état d'abondance ou de crise du marché du travail.

Tandis qu'aux périodes de prospérité, qui succèdent si régulièrement maintenant aux crises et qui partagent avec elles la vie du monde industriel, on parle surtout d'émissions d'actions, de luxe, de richesse, de création d'industries, d'augmentation de dividendes ou de salaires ; dans les périodes de crises on s'occupe de problèmes plus sévères, de la misère, de la bienfaisance et spécialement de la question de la lutte contre le chômage. Mais, le péril passé, on oublie bientôt ces questions pour s'occuper de sujets plus agréables jusqu'à ce que, de nouveau, elles viennent forcer l'attention. Parmi les diverses formes que revêt la lutte contre le chômage on a, au cours des deux dernières crises industrielles, constaté que l'assurance-chômage était venue au premier plan.

Cette matière est nouvelle encore.

L'opinion publique n'a commencé à s'intéresser à ces questions que pendant l'avant-dernière crise industrielle de 1892. L'intérêt s'est apaisé pendant la période de prospérité qui s'est étendue jusqu'en 1899, pour reprendre avec une nouvelle vigueur lors de la crise de 1900. Le progrès qu'a fait cette question pendant ces deux dernières années est colossal. Mais maintenant, de nouveau, l'opinion publique paraît détacher un peu son attention de ces matières. Elle y reviendra certainement avec un nouvel intérêt aussitôt que les conjonctures industrielles seront de nouveau devenues mauvaises, ce qui pourrait arriver sous peu. Aussi fait-on bien de profiter de cette seconde accalmie pour indiquer la position que prend actuellement le problème.

Pendant la crise de 1892, comme pendant celle de 1901, le pays qui a fourni la littérature la plus abondante et la plus savante sur ces matières a chaque fois été l'Allemagne. Mais, par un phénomène assez intéressant, c'est chaque fois un des petits pays qui vit sur ses frontières qui a le plus contribué à la solution du problème par des expériences sociales qui ont fortement attiré l'attention du public. En 1892, c'était la Suisse, par ses systèmes divers d'organisation officielle de caisses communales de chômage ; en 1901, la Belgique, par le système des encouragements officiels octroyés aux œuvres spontanées d'assurance contre le chômage.

Les autres pays ne se sont certainement pas désintéressés de la question, mais leur contribution, souvent fort intéressante, n'a pas été aussi décisive que celle des trois pays que nous venons de citer.

Pour bien comprendre les efforts actuels, il faut d'abord rappeler les divers systèmes d'assurance contre le chômage qui furent mis en pratique lors de la crise de 1892.

Pour fixer des souvenirs qui remontent déjà à une décade, on rappellera ici la deuxième Circulaire éditée par le *Musée social* qui s'occupait précisément de l'assurance contre le chômage en Suisse (1), en la complétant par les résultats acquis depuis lors dans ces mêmes institutions, ainsi que par l'étude de quelques œuvres étrangères à la Suisse, mais qui paraissent dériver du même principe.

La lecture des trois ouvrages de M. le Professeur G. Schanz, de Würzburg, est, indispensable pour tous ceux qui veulent avoir une vue complète des divers aspects de la question de l'assurance contre le chômage

(1) *Musée social*, 1ʳᵉ année, Série B, Circulaire nᵒ 2.

CHAPITRE PREMIER

LES PREMIÈRES TENTATIVES D'ORGANISATION OFFI-
CIELLE DE L'ASSURANCE CONTRE LE CHÔMAGE
PENDANT LA CRISE DE 1892-1894.

§ 1. — Les œuvres suisses.

En Suisse, pendant la crise de 1892, on s'est occupé de la création de caisses officielles d'assurance contre le chômage, et pendant quelque temps, l'opinion publique n'a pas vu d'autres moyens de résoudre cette question que la création de caisses locales officielles à l'image de la Suisse.

Deux caisses, de types très différents, ont été organisées en Suisse. La plus ancienne, la première caisse officielle d'assurance contre le chômage du monde entier, est la *Caisse de Berne,* qui a commencé à fonctionner en avril 1893.

Elle était fondée sur le principe de la liberté.

Ne participaient à la caisse que les ouvriers qui le désiraient : ils payaient une cotisation de 40 centimes par semaine, pour laquelle ils recevaient, en cas de chômage pendant les trois mois d'hiver, une indemnité de 1 franc pour les célibataires et de 1 fr. 50 pour les hommes mariés.

Dans cette ville de 50.000 habitants, on était parvenu à grouper 404 membres. Les cotisations étaient loin de suffire à l'indemnisation des chômeurs suivant le tarif annoncé. La première année les membres avaient versé 1100 francs seulement, tandis que les dépenses diverses s'étaient élevées à 7.815 francs. Les subventions communales, ainsi que les cotisations de philanthropes, avaient ainsi dû couvrir 86 p. 100 des frais de l'Œuvre.

Pendant les deux années suivantes, les résultats furent à peu près identiques ; les intéressés ne collaboraient que pour 15, puis 13 p. 100 des frais.

La caisse de Berne, qui un moment attira vivement l'attention publique, continue depuis lors régulièrement ses opérations et le nombre de ses membres augmente constamment, mais lentement. Ils étaient 543 le 31 mars 1899,

585 le 31 mars 1900, 597 le 31 mars 1901, 644 le 31 mars 1902.

L'administration communale a introduit dans le règlement quelques modifications : il a rendu plus étroit le lien qui unit le Bureau de placement officiel et la caisse de chômage ; il a porté la cotisation mensuelle à 0 fr. 70 par mois ; il a confié divers travaux publics aux chômeurs de la caisse. Le montant de l'indemnisation a été majoré de 50 centimes par jour. L'affiliation est devenue obligatoire pour certaines catégories d'ouvriers communaux.

Mais la situation financière de l'institution ne s'est pas beaucoup améliorée, comme en témoigne le budget de la dernière année, 1901-1902 :

I. — Recettes.

1° Encaisse au 1er avril 1900 . . .	1.915.10
2° Avance de la direction des pauvres	100.00
3° *Cotisations des membres ouvriers.*	2.740.50
4° Cotisations des patrons.	84.00
5° Dons et cotisations volontaires.	523.00
6° Subvention de la commune. . .	12.000.00
7° Intérêts des capitaux.	51.10
Total des recettes	17.413.70

II. — *Dépenses.*

1° Frais de bureau et d'impression.	153.25
2° Frais de chauffage de la salle de réunion.	72.30
3° Indemnités payées.	12.960.00
4° Contribution au Bureau de placement.	500.00
5° Restitution de l'avance à la direction des pauvres.	1.300.00
Total des dépenses . . .	14.986.09

En écartant les deux derniers paragraphes, les dépenses se sont élevées à 13.486 francs dont les intéressés avaient supporté 2.740 fr. 50, soit donc une proportion de 21 p. 100. La proportion avait été anormalement forte cette année; le chômage hivernal ayant été minime et n'ayant frappé que 248 membres. Les années antérieures, la proportion n'avait été que 13 p. 100 en 1899 et 16 p. 100 en 1900.

On voit que cette caisse, malgré le succès qu'elle a obtenu, est surtout une caisse de bienfaisance, dans laquelle les membres ouvriers ne supportent qu'une part bien faible du coût de l'assurance.

La *Caisse de Saint-Gall*, créée sur le principe de l'affiliation obligatoire pour tous les ouvriers suisses ou étrangers habitant cette commune, a eu bien moins de succès encore.

Créée le 23 juin 1895, par une décision de l'assemblée des électeurs communaux de Saint-Gall, en vertu d'une disposition d'une loi cantonale autorisant les communes à organiser l'assurance obligatoire, la caisse de Saint-Gall a été dissoute en vertu d'une décision des mêmes électeurs en date du 8 novembre 1896.

La caisse, pendant sa courte existence, obligeait tous les ouvriers domiciliés dans la commune, et gagnant moins de 5 francs et plus de 2 francs par jour, quelle que fût leur profession, à payer une cotisation uniforme, allant de 0 fr. 15 à 0 fr. 30 par semaine, suivant le salaire gagné.

En échange de cette cotisation, les assurés recevaient en cas de chômage une indemnité variant de 1 fr. 80 à 2 fr. 40 d'après la classe de salaire à laquelle ils appartenaient.

Le fonctionnement de la caisse ne répondit guère aux espérances de ses promoteurs. Par tous les moyens, les membres qu'on tâchait de retenir dans la nouvelle organisation, s'efforçaient, au contraire, d'échapper aux charges qu'on leur imposait, et d'éviter l'obligation d'assurance : une fois affiliés ils voulaient tous payer le moins régulièrement possible les cotisations qu'on réclamait d'eux.

Le fardeau pesait très irrégulièrement sur les diverses catégories de membres (1).

Tandis que les journaliers voyaient la première année de fonctionnement 33 p. 100 de leurs représentants secourus par la caisse de chômage, que les autres métiers saisonniers donnaient 15 p. 100 de chômeurs, l'ensemble des ouvriers ne donnait que 3 p. 100 de chômeurs.

Malgré le grand espoir qu'on avait fondé sur l'esprit de solidarité des travailleurs, les membres de la classe ouvrière non privilégiés fuyaient l'assurance. Ils montraient la plus vive répugnance à supporter une cotisation qui leur paraissait inique : car elle faisait porter exclusivement par d'autres misérables, les conséquences de la misère des journaliers et des ouvriers des métiers saisonniers.

(1) *Statistik des Cantons St-Gallen*, XI Heft. *Die Arbeitslosenversicherung der Stadt St-Gallen,* von Dr E. Hoffman, St-Gallen, 1898.

Quelques défauts d'organisation, trop de bureaucratie et une union trop étroite avec l'administration des pauvres, précipitèrent la ruine de l'institution dont la dissolution fut votée avec enthousiasme par presque tous les intéressés.

Les résultats financiers pour la commune ne furent cependant pas désastreux : on avait prévu que la subvention communale, destinée à couvrir le déficit de l'organisation s'élèverait à 6.000 francs par an : en fait, la commune dut payer 6.118 francs par an (1).

L'expérience avait clairement démontré les difficultés presqu'insurmontables qu'il y avait à créer une caisse de chômage obligatoire, à cotisation uniforme pour tous les métiers.

Le demi-canton de *Bâle-Ville* s'est aussi fait un nom par ses efforts, toujours infructueux d'ailleurs, pour organiser un système d'assurance obligatoire contre le chômage. Les premiers développements du système ont surtout été exposés par M. Adler à la suite d'un projet de loi soumis au Grand Conseil (2). Ce projet,

(1) *Schlussrechnung uber die Arbeitslosenversicherungskasse St-Gallen.*

(2) *Ratschlag und Gesetzentwurf betreffend Versiche-*
2.

d'ailleurs modifié à diverses reprises, s'efforce de supprimer l'objection principale qu'on avait faite contre le projet de Saint-Gall, en répartissant les ouvriers en un certain nombre de groupements professionnels suivant l'importance du risque de chômage et suivant le niveau des salaires.

Les cotisations allaient de 20 à 60 centimes par semaine. En outre, les patrons devaient verser 10 ou 20 centimes par semaine et par ouvrier. Les indemnités variaient de 0 fr. 80 à 2 francs par jour. La subvention communale devait s'élever à 25.000 francs par an, plus les frais d'administration.

Mais les mesures, malgré leur perfection relative et les sympathies du conseil, ne sont pas encore appliquées, le referendum populaire ayant jusqu'ici à Bâle rejeté les projets qui lui avaient été soumis.

A *Zurich*, les premières tentatives de création de caisses locales officielles d'assurance contre le chômage ont aussi fortement intéressé

rüng gegen Arbeitslosigkeit, dem grossen Rate vorgelegt, du 8 novembre 1894, *mit Anhang : Die Versicherung gegen Arbeitslosigkeit im Kanton Basel Stadt*, Gutachten, erstattet von Herrn prof. Dr Georg Adler.

l'opinion publique. Divers projets ont été formulés, se rapprochant les uns du système préconisé à Bâle par M. Adler, les autres du système d'épargne obligatoire défendu par M. Schanz, mais aucun de ces projets n'a pu jusqu'ici franchir les diverses étapes qui séparent le projet de loi et la théorie législative de la réalisation effective.

A Lausanne, à Genève, dans quelques autres villes encore, on s'est occupé de l'organisation de caisses de chômage locales et officielles. Mais les projets sont encore restés plus éloignés d'une application pratique.

Ainsi, de tout le mouvement si actif qui, il y a une dizaine d'années, paraissait pousser les communes de la Suisse vers la création de caisses officielles de chômage, il ne reste comme réalisation que la caisse libre de Berne qui groupe quelque six ou sept cents membres. La caisse de Saint-Gall a éprouvé un échec. Le peuple n'a jamais voulu des projets formulés à Bâle, à Zurich et ailleurs.

De toutes les organisations qui paraissaient devoir se produire si nombreuses à la suite de la crise de 1893, il ne subsiste donc presque plus rien.

C'est ce que constatait l'an passé avec douleur, au Congrès des bureaux de placement allemands, M. Léopold Sonneman, le pionnier et l'un des principaux propagandistes de l'assurance contre le chômage en Allemagne.

Les communes démocratiques suisses qui avaient paru un moment devoir montrer la voie à l'Allemagne dans l'organisation de caisses communales officielles d'assurance contre le chômage, ont manqué à la mission qu'il leur avait lui-même assignée lors des premiers efforts pour la réalisation effective de l'assurance communale contre le chômage en Allemagne. Mais M. Sonneman ne se décourageait pas : il reconnaissait s'être trompé dans son pronostic et affirmait maintenant que le rôle de réalisateur en cette matière devait appartenir à l'Allemagne qui avec ses traditions héroïques en matière d'assurance ouvrière, ouvrirait ici aussi les voies aux autres nations (1).

La Suisse n'a d'ailleurs pas abandonné la question de l'assurance contre le chômage :

(1) *Schriften des Verbandes deutscher Arbertsnachweise*, n° 4.   *Drille Verbandsversammlüng ünd Arbeitsnachweis Konferenz*, am. 9, 10, 11 Oktober 1902, in Berlin : *Arbeits-losenversicherung und Arbeitsnachweis*, p. 162.

mais les tendances sont actuellement un peu différentes, comme on le verra plus loin.

§ 2. — Les répercussions du système suisse dans les autres pays.

L'intérêt que souleva cette première tentative de solution du problème si inquiétant du chômage fut très vif. Dans presque tous les pays civilisés, l'écho de l'initiative suisse se fit entendre. Partout on s'inquiétait du développement du chômage et on eût été heureux de voir diminuer un peu cette forme de la misère imméritée.

Le 28 janvier 1895, M. Camille Jouffray (1) déposa à la Chambre des députés de France une proposition de loi sur l'assurance obligatoire contre le chômage.

Il voulait voir les communes autorisées à réunir les travailleurs français des deux sexes âgés d'au moins 15 ans en une assurance mutuelle contre les risques du chômage.

Les caisses d'assurance devaient être ali-

(1) Ministère du commerce et de l'industrie, Office du Travail, *Documents sur le chômage*, 1896.

mentées par les primes des assurés, les cotisations du patron et les subventions des communes, des départements et de l'Etat.

C'était en somme la généralisation du système suisse, appliqué à Saint-Gall et projeté à Zurich et à Bâle.

Mais l'échec du premier type, le peu de succès des deux autres propositions, d'autres causes sans doute aussi, firent que ce projet devint caduc sans avoir été discuté. Aucune caisse locale de ce genre ne fut créée en France.

En Allemagne, la caisse de Berne trouva une imitatrice dans la ville de Cologne où fut créée le 22 avril 1896 une caisse d'assurance-chômage sur un type très analogue. Ici aussi, les assurés n'étaient soutenus que pendant les mois d'hiver. Ils payaient à l'origine une cotisation de 0 fr. 32 par semaine (pendant 34 semaines par an), cotisation portée ensuite à 0 fr. 44 ; puis à 0 fr. 38 pour les ouvriers sans spécialité et à 0 fr. 50 pour les ouvriers professionnels. L'indemnité variait de 2 fr. 50 à 1 fr. 82 par jour pendant la période comprise entre le 10 décembre et le 10 mars de chaque année.

La nouvelle organisation, puissamment patronnée, réunit en quelques semaines une centaine de milliers de marks de subventions communales et de dons volontaires venant surtout des patrons. En outre, des membres d'honneur se firent inscrire en si grand nombre que pendant tout un temps ils furent plus nombreux que les membres effectifs.

La caisse commença ses opérations avec 229 ouvriers assurés et une encaisse de 103.582 m. 24. Elle dut dépenser la première année 2.355 marks pour 1.408 jours d'indemnité.

Jusqu'à la fin de 1900 la caisse ne réunit qu'un nombre restreint de membres : il n'y en avait pas plus de 302 pendant l'année 1899-1900. L'encaisse, grâce au peu de succès de l'œuvre augmentait assez rapidement et atteignait 126.964 m. 50.

Mais à partir de ce moment, grâce à une revision des statuts qui donnait aux assurés et aux ouvriers une part plus considérable dans l'administration et lui procurait l'appui des Unions ouvrières corporatives, le nombre des membres a augmenté rapidement. Ce fut l'année suivante, 603 ; l'année d'après, 1.238. Le nombre des jours de chômage indemnisés augmentait en proportion : c'étaient 2.772 jours en 1900 ; 12.658 en 1901 ; 15.853 en

1902. Aussi l'encaisse fondait-elle rapidement et tombait d'année en année, de son maximum de 126.904 marks, à 111.868 marks, et à 99.343 marks.

On fut obligé en présence de cette situation de refuser l'affiliation des nouveaux membres qui arrivaient toujours plus nombreux ; on dut limiter le nombre des membres au maximum de 1.355.

Une nouvelle subvention du conseil communal de Cologne est venue rétablir quelque peu le budget de la caisse 'et permettre l'affiliation de nouveaux membres : leur nombre atteint actuellement 1.650.

Le budget de l'année 1903 est plus favorable que celui des années antérieures : nous le donnons ci-dessous en résumé :

Recettes de l'année.

Cotisation des assurés	14.835 m.	65
Cotisation des membres d'honneur	3.218 m.	00
Intérêts des capitaux	4.847 m.	90
Subvention extraordinaire de la ville	20.000 m.	00
Total	42.601 m.	55

Dépenses.

Frais d'administration et trai-
tements. . . . .   3.707 m. 39
Restitution de cotisations. . .   146 m. 80
Indemnités quotidiennes aux
chômeurs. . . . .   28.807 m. 50
Placé à la réserve . . . . . .   9.939 m. 86
Total . . . .   42.601 m. 55

On voit que, ici aussi, la participation des
assurés aux frais de la caisse est encore faible :
elle ne dépasse pas 44 p. 100. Ce chiffre était
extraordinairement fort ; en 1900, année de
crise beaucoup plus intense, la proportion n'a-
vait pas dépassé 21 p. 100 ; en 1902 elle était
de 38 p. 100.

On voit qu'avec le succès qu'obtient actuellement la caisse, sa situation financière est assez
défavorable et qu'il paraît probable que d'ici à
peu de temps des subventions officielles annuelles devront venir rétablir les finances com-
promises. En tout cas, 20.000 marks ont déjà
dû être alloués par la ville pour 1902 et autant
pour 1903. L'Œuvre devient ainsi de plus en
plus une institution officielle.

La situation financière serait beaucoup moins

bonne encore et les cotisations des membres assurés démontreraient bien mieux leur impuissance à assurer les frais de l'institution si l'Œuvre n'était pas en aussi intime coopération avec un des Bureaux de placement officiels les mieux organisés d'Allemagne. La caisse de chômage ne forme en quelque sorte qu'une section du Bureau de placement qui lui fournit régulièrement des emplois nombreux et met constamment à sa disposition le « *Labour test* », indispensable au contrôle de la réalité du caractère involontaire du chômage.

L'an dernier, pendant la période d'indemnisation, qui court du 10 décembre au 10 mars, 1.008 des 1.265 membres réclamèrent des secours de chômage. Le Bureau de placement permit de dévoiler et de punir d'exclusion vingt-sept cas de fraude.

Les chômeurs auraient eu droit à 47.432 jours d'indemnité. Le Bureau de placement parvint à leur procurer 31.386 jours et demi de travail, de telle sorte qu'il n'y eut effectivement à indemniser que 16 045 jours et demi. Presque toutes les indemnités ont été allouées à des ouvriers de l'industrie du bâtiment.

Partant d'idées analogues, diverses autres

villes allemandes, notamment Stuttgart, et plus récemment Leipzig, Carlsruhe, Munich, Francfort-sur-Main, ont tenté de créer des caisses locales d'assurance contre le chômage. Mais en dehors de Leipzig, aucun de ces projets n'est réalisé jusqu'ici. On reviendra d'ailleurs sur les tentatives récentes lorsqu'on parlera du mouvement qui a accompagné la crise de 1900.

Au congrès du Parti populaire allemand à Ulm en 1896, M. Sonneman défendit énergiquement et fit adopter un projet d'assurance autorisant les communes de plus de 10.000 habitants à créer des caisses locales obligatoires d'assurance contre le chômage. Leurs membres seraient divisés en classes selon les métiers et le taux du salaire d'après le projet bâlois, qui avait également inspiré la proposition de loi de M. Jouffray en France.

Mais pas plus qu'en France, ce projet n'a eu jusqu'ici les honneurs de la discussion publique au Parlement. Il continue cependant à avoir des partisans nombreux de l'autre côté du Rhin.

En Italie aussi, se fit sentir le contre-coup de la création des assurances locales suisses.

En 1896 (1), la caisse d'épargne de Bologne avait créé une caisse de chômage dans laquelle les ouvriers qui versaient une cotisation annuelle de 3 francs ou de 5 francs (suivant l'âge), se voyaient octroyer des indemnités de chômage prélevées en grande partie sur les revenus d'un capital de 200.000 lires mis à la disposition de cette Œuvre. La première année, 23 ouvriers étaient dans les conditions réglementaires pour tirer profit de la caisse, 18, appartenant presque tous aux industries saisonnières, y eurent recours et reçurent 705 indemnités se montant ensemble à 605 fr. 60, après avoir versé 109 francs de cotisation. L'année suivante, on crut devoir éliminer les ouvriers des industries saisonnières du bénéfice du fonds, parce que, pour ces ouvriers, le chômage est un accessoire ordinaire de l'exercice du métier, et non un événement imprévu.

Cette mesure fut assez mal accueillie et le nombre des membres tomba l'année suivante à 3, nombre reporté à 35 l'année d'après.

Ces résultats étaient tout à fait dispropor-

(1) Georges Denjean, *L'Assurance contre le chômage.* Paris, Guillaumin, 1899.

tionnés à l'effort des organisateurs et à l'intérêt que présentait l'œuvre.

Aussi décida-t-on en 1899 de transformer à nouveau l'institution, qui avait été jusque-là un mélange assez hétérogène d'assurance et d'épargne ; et d'en faire une institution d'épargne. Le produit de l'inscription des 200.000 lires doit être réparti annuellement entre les livrets de prévoyance en proportion des sommes versées et dans certaines limites de maximum et de minimum. Ces répartitions peuvent être retirées en cas de chômage, à raison de 1 fr. 50 par jour et sont reportées aux années suivantes en cas de non-emploi immédiat.

Cette nouvelle institution, qui donnait des avantages sans occasionner aucune perte pour les titulaires, eut beaucoup plus de succès que la précédente.

A la fin de 1901, 369 membres étaient inscrits à cette caisse spéciale et parmi eux les maçons étaient de nouveau de beaucoup les plus nombreux : 293.

On avait pu encore allouer en 1902 une majoration de 100 p. 100 sur les livrets d'épargne. Les dépôts s'étaient élevés à 10.039 lires, nécessitant l'octroi des arrérages d'un capital de 334.000 lires de consolidés italiens. 7.130 journées de travail avaient été indemnisées à concurrence de 10.704 lires 96.

En présence du succès de l'OEuvre, l'administration de la caisse d'épargne a décidé de consacrer à son développement une nouvelle centaine de milliers de lires.

Quelques commencements de fraude, des remboursements obtenus par des ouvriers au travail, des emprunts effectués pour jouir des majorations de chômage, avaient fait décider, le 6 février 1903, la création d'une commission ouvrière de contrôle (1).

Cette institution est d'autant plus intéressante qu'elle émane, non pas de l'initiative officielle, mais d'une œuvre particulière, et montre combien l'épargne et la solidarité peuvent s'appuyer l'une sur l'autre et coopérer utilement sous la direction d'hommes aux idées larges et généreuses, tels que le Comm. Césare Zucchini, conseiller directeur, qui a tant fait pour le développement de cette fondation.

Malgré tout l'intérêt que présente cette OEu-

(1) Cassa di risparmo in Bologna, *Atti del Assemblea generale degli Azionisti tenutasi il giorno* 29 *Marzo* 1903 *e Resoconto del* 1902, Bologna. Regia Tipographia, 1903.

vre et les services qu'elle a rendus, nous ne connaissons aucune institution créée à l'imitation de celle de Bologne, ni en Italie, ni ailleurs.

En Belgique aussi, l'intérêt qu'avait soulevé la création des caisses locales suisses fut très vif. Des discussions surgirent à ce sujet un peu partout dans les conseils communaux des grandes villes. Mais aucune réalisation ne les suivit. Les choses allèrent le plus loin dans l'agglomération bruxelloise, dont les bourgmestres prescrivirent un concours pour l'étude de la question de l'organisation d'une caisse de chômage en faveur des ouvriers de Bruxelles et de ses faubourgs. A Bruxelles même, le Collège des bourgmestre et échevins présenta un rapport au conseil communal, mais finalement aucun résultat positif ne suivit ces efforts.

En résumé, en 1897, de tout le mouvement qui avait paru si intense en faveur de la création des caisses locales d'assurance contre le chômage, il ne subsistait plus, en dehors des efforts des intéressés eux-mêmes, rien qu'une œuvre officielle, la caisse de Berne et deux institutions de bien public, celles de Cologne et de Bologne.

CHAPITRE II

§ 1. — Les efforts des Unions professionnelles ouvrières.

Le mouvement pour la constitution des caisses de chômage officielles faisait ainsi plus ou moins long feu dans tous les pays. Mais tandis que s'écroulait le rêve qu'on avait pu un moment caresser, de voir les villes des divers pays constituer les unes après les autres des centres de propagande et organiser spontanément l'assurance universelle contre le chômage par la fédération des caisses locales, les œuvres ouvrières d'assurance mutuelle contre le chômage prenaient un développement rapide.

Longtemps on a cru et pu croire que le développement de l'assurance contre le chômage était un phénomène particulier aux ouvriers anglais et que ce mode de prévoyance mutuelle

ne franchirait jamais le détroit britannique.
Maintenant encore cette forme d'assurance a
dans ce pays une activité particulière. Quoique
l'année 1901 n'ait pas été pour l'Angleterre
une année de crise exceptionnelle, on a vu les
100 principales Unions professionnelles anglaises consacrer cette année plus de 8 millions de
francs à cette assurance. C'était plus qu'à l'assurance contre les grèves, qui a paru si longtemps
le but exclusif de l'organisation syndicale, plus
aussi qu'à l'assurance contre la maladie, ou à
l'assurance contre les conséquences de la vieillesse, ou à l'assurance en cas de décès, ces trois
formes si particulières du mouvement syndical
anglais. Cependant sur ces 100 Unions, 23, non
des moindres, presque toutes les Unions des
mineurs, des maçons et des transports n'avaient
pas consacré un centime à cette forme d'assurance, tandis que toutes payaient pour les
grèves.

Pour l'ouvrier anglais, surtout dans les industries des métaux, de l'imprimerie et du
bois, se prémunir contre les conséquences du
chômage et s'assurer une paye syndicale pour
le jour où il sera sans travail est non seulement
un devoir strict envers lui-même et envers sa

famille, mais aussi une obligation sociale envers ses frères de travail ; car, grâce au secours syndical, il pourra éviter d'offrir ses bras en dessous du taux de salaire normal et contribuer ainsi à maintenir les hauts salaires.

Cette nécessité sociale et économique, de se prémunir par l'assurance contre les conséquences sociales et personnelles du chômage, a eu beaucoup de peine, en dehors des typographes qui furent partout les précurseurs, à apparaître clairement aux syndiqués de l'Europe continentale. De ce côté-ci du détroit, on a compris malaisément que pour faire bonne chère il faut beaucoup d'argent et on s'est longtemps énergiquement refusé à payer les grosses cotisations qui seules rendent possibles le payement des gros secours en cas de chômage.

Mais en ces dernières années, l'assurance ouvrière contre le chômage s'est enfin implantée et elle fait partout des progrès si rapides qu'on aurait peine à y croire si les statistiques syndicales n'étaient pas là pour l'établir.

C'est en Allemagne que cette idée a fait les progrès les plus rapides. Alors qu'il y a quelques années encore, lors des lois contre les socialistes, la formation de syndicats professionnels était presque considérée comme un crime, et que l'une après l'autre, toutes les Unions professionnelles qui s'occupaient un peu de politique ouvrière devaient se dissoudre, on voit maintenant se constituer en Allemagne une armée syndicale que d'aucuns trouvent déjà d'une ordonnance plus belle que les puissantes Trade-Unions.

Voici les 60 *Gewerkschaften* libres à tendances socialistes. Elles comptent déjà 733.206 membres, possèdent toutes une organisation centralisée, et étendent leur activité à toute l'Allemagne. L'assurance contre le chômage y fait des progrès rapides, qui sont loin d'avoir pris fin. En 1891, les *Gewerkschaften* consacraient à cette assurance contre le chômage 64.290 marks.

En 1895,   196.916 marks.
— 1898,   275.404   —
— 1900,   501.078   —
— 1901, 1.238.107   —
— 1902, 1.593.022   —

Depuis lors, il n'a plus été publié de statistique générale, mais le mouvement est loin d'être arrêté : il ne se passe guère de semaine sans qu'on n'apprenne que l'une ou l'autre des

Gewerkschaften ait décidé de mettre à l'étude un projet d'assurance contre le chômage, l'ait voté ou mis en vigueur, ou ait décidé d'augmenter l'intensité de l'assurance contre le chômage.

Dans certaines communes, l'assurance contre le chômage s'est particulièrement développée : dans la seule ville de Berlin, les 29 *Gewerkschaften* affiliées au Secrétariat ouvrier berlinois ont dépensé 452.304 marks en secours de chômage.

Les *Gewerkvereine* de Hirsch-Duncker ne restent pas en arrière de ce mouvement : plus encore que les *Gewerkschaften* elles se sont imprégnées de l'exemple des ouvriers anglais. Elles ont créé en Allemagne l'assurance contre le chômage que les syndicats libéraux n'abandonneront certes pas. Elles ont même ouvert en cette matière la voie aux syndicats socialistes.

Jusqu'ici, les syndicats catholiques et évangéliques, comme les syndicats chrétiens, sont restés un peu en retard en ce qui concerne l'organisation de l'assurance contre le chômage, mais eux aussi viennent d'entrer dans cette voie qu'ils ne quitteront probablement plus.

Déjà une douzaine de syndicats chrétiens l'ont adoptée.

Plus intense encore est le mouvement qui pousse au développement de l'assurance contre le chômage dans les petits pays scandinaves, qui ont naguère étonné le monde par la puissance de leur organisation syndicale et qui s'appliquent maintenant spécialement à résoudre le problème si inquiétant du chômage industriel. En Danemark, où les syndicats possèdent une puissance qu'on ne rencontre dans aucun autre pays ils ont consacré à l'assurance contre le chômage :

En 1899, 170.000 couronnes.
 — 1900, 230.012   —
 — 1901, 320.564   —
 — 1902, bien plus encore.

Dans les autres pays scandinaves, l'assurance contre le chômage fait aussi des progrès considérables.

En Autriche, où le mouvement syndical est fort en retard sur l'Allemagne et où les querelles de nationalité rendent si difficiles une action commune des Unions professionnelles, le mouvement pour l'assurance mutuelle fait des progrès identiques.

En 1896, on consacrait à l'assurance contre le chômage 102.189 couronnes.

En 1899, 268.003 —

— 1902, 377.448 —

En France, l'importance de l'assurance contre le chômage va aussi sans cesse en augmentant.

Les statistiques officielles se contentent malheureusement de donner le nombre des syndicats professionnels qui ont organisé l'assurance contre le chômage, mais ne fournissent aucun renseignement sur l'intensité de cette forme d'assurance : on n'indique ni le nombre des ouvriers assurés, ni l'importance des secours, et bien des syndicats ne possèdent l'assurance contre le chômage que dans leurs règlements. Quoi qu'il en soit de la réalisation des promesses réglementaires, l'*Annuaire des Syndicats* nous apprend que, en 1897, 128 syndicats ouvriers possédaient des caisses de *chômage et de grève*, tandis qu'en 1901 le nombre des caisses de *chômage* s'élevait à 547. Malheureusement cette statistique est bien peu précise, et en dehors de ce travail, il n'existe pas de recensement complet postérieur à 1895.

On connaît uniquement le succès considérable qu'a eu cette forme d'assurance dans l'industrie du livre.

En Suisse, quoique les différences de langues, de religion et de cantons nuisent beaucoup au développement régulier et complet des unions professionnelles, l'assurance contre le chômage se propage fort bien.

En Belgique enfin, le mouvement fait des progrès plus rapides encore que dans aucun autre pays.

Parmi les syndicats affiliés à la Commission syndicale du parti ouvrier, 17 sur 144 annonçaient en décembre 1900 qu'ils possédaient des caisses de chômage. En décembre 1901, ce nombre était passé à 52 sur 142, et en décembre 1902 enfin, on en comptait 107 sur 214. Ce ne sont pas là des chiffres sur le papier : presque partout existent des institutions sérieuses. Sur 91 associations pour lesquelles on a pu établir le montant des indemnités de chômage allouées en 1902, 5 payaient 4 fr. 50 par semaine, 10 payaient 6 francs, 21 payaient 9 francs, 33 payaient 12 francs, 3 de 15 à 18 francs, 5 ne fixaient pas le montant du secours ; enfin des secours de 7 fr. 50, 9 fr. 50, 10 francs et 10 fr. 50 étaient payés par une association.

Presque chaque année, les syndicats qui possèdent cette forme d'assurance la rendent plus
efficace et mieux à même d'assurer aux affiliés
le minimum indispensable à la satisfaction
des besoins de la vie. D'année en année le progrès est sensible.

De leur côté, les Unions professionnelles catholiques, affiliées à la Ligue démocratique
belge, font une propagande active pour le développement des caisses de chômage. Aux Congrès de Bruges du 22 septembre 1901 et de
Hasselt du 27 septembre 1903, où a été élaboré
le programme de l'organisation syndicale catholique, la création des caisses d'assurance
dans les syndicats et de caisses de réassurance
contre le chômage dans les fédérations a été
portée en tête du programme d'action, et depuis
lors un grand nombre d'associations ont été
créées ou réformées en conséquence. Il n'y a
malheureusement pas de statistiques complètes
à ce sujet.

De leur côté, allant plus loin encore, les
Unions professionnelles des ouvriers libéraux
ont proposé à leur Congrès de Gand du 25 décembre 1902 de donner pour base à toute l'organisation syndicale et charitable les caisses

de retraite et d'assurance contre le chômage.
Mais les syndicats libéraux ne sont pas assez
puissants pour réaliser ce vaste programme.

Quant aux syndicats neutres, les typographes,
les gantiers, les diamantaires, les chapeliers,
ils possèdent tous, depuis longtemps ou depuis
peu, des caisses de chômage bien organisées et
plus puissantes que celles des syndicats politiques.

§ 2. — L'attitude des pouvoirs publics à l'égard de l'assurance mutuelle contre le chômage dans les caisses syndicales ouvrières.

Le développement récent, extraordinairement rapide dans tous les pays, de l'assurance
mutuelle syndicale contre le chômage, opposé
au développement si peu remarquable des caisses officielles, a fortement modifié les conditions dans lesquelles se présente maintenant le
problème de l'assurance contre le chômage. De
toutes parts, on s'est demandé et on devait se
demander, s'il ne fallait pas chercher dans cette
voie là, une solution, au moins partielle et pro-
visoire du problème si grave de l'assurance
contre le chômage.

Encourager l'assurance mutuelle contre le

chômage, n'était-ce pas un procédé meilleur
que de créer des caisses officielles coûteuses,
dont le succès était incertain et dont l'organisation était si difficile au milieu des incerti-
tudes du moment ?

Ne valait-il pas mieux que les pouvoirs publics donnassent des encouragements efficaces
à des œuvres vivantes et sociales au plus haut
degré — qui provoquent et suscitent des initiatives fructueuses, plutôt que de dépenser
stérilement l'argent des pouvoirs publics à
nourrir les sans-travail dans l'oisiveté et les
travaux improductifs, ou à les enrégimenter
dans des caisses officielles qui sont avant tout
des œuvres d'assistance et de patronage.

Non seulement les membres de ces caisses
arriveraient ainsi à une compréhension plus
juste de leurs devoirs envers eux et leurs frères de travail et majoreraient le montant de
leurs cotisations ; non seulement le nombre des
membres de ces caisses augmenterait considérablement et la fidélité à l'institution croîtrait
comme toujours quand on ajoute aux caisses
de résistance des œuvres de mutualité ; mais
de toutes parts on verrait bientôt surgir des
caisses nouvelles, tandis que d'ancienes œu-

vres, attirées par l'appât des subventions, dirigeraient leur activité vers ce but. On permettrait ainsi à de nouveaux métiers, à de nouvelles couches sociales d'adhérer à cette forme de la solidarité. Dans bien des métiers, où le chômage est considérable, le premier effort nécessaire pour mettre l'assurance contre le chômage en œuvre est en effet trop considérable pour être tenté par les intéressés eux-mêmes, tandis que la subvention, proportionnant sa générosité à l'effort réalisé, peut facilement adoucir les difficultés du début.

C'est ce qu'on s'est dit de divers côtés.

Aussi la seconde période de propagande officielle en faveur de l'assurance contre le chômage se distingue-t-elle de celle que nous venons d'étudier par une direction tout à fait nouvelle : au lieu de s'efforcer de créer de toutes pièces des caisses d'assurances officielles, les tentatives les plus nombreuses et les plus caractéristiques tendent presque toutes aujourd'hui à encourager les intéressés à organiser eux-mêmes des caisses mutuelles d'assurance contre le chômage. Les œuvres officielles cèdent ainsi, momentanément au moins, le pas à l'encouragement des œuvres spontanées de self-help.

Cette tentative réussira-t-elle mieux que la précédente ?

L'avenir seul peut le dire.

A côté de quelques inconvénients, ce système offrait des avantages réels.

I. — Sans doute on n'atteint pas par ce procédé l'unanimité de la classe ouvrière, et au cours des congrès d'œuvres sociales allemands, où on a préconisé l'assurance obligatoire contre le chômage comme un devoir national, on n'a pas manqué de faire au système des subventions aux caisses d'assurances mutuelles le reproche de ne s'adresser qu'à une fraction de la classe ouvrière.

Cet argument est fondé. Les partisans de l'assurance contre le chômage souhaiteraient qu'il n'y ait plus dans la classe ouvrière que des personnes complètement prémunies contre les conséquences néfastes du manque de travail, comme ils désirent d'ailleurs que tous soient assurés contre la maladie, contre les accidents, contre la vieillesse, contre l'invalidité et contre le décès prématuré et comme ils souhaitent que les veuves et les orphelins incapables de travailler soient tous à l'abri du besoin.

En Allemagne, où tant de ces assurances sont déjà réalisées avec succès, on peut entrevoir la possibilité d'obtenir l'assurance obligatoire contre le chômage par l'intervention de l'Etat. Mais même là, que de difficultés barrent la route ! L'importance du risque n'est pas bien connue encore (1), la définition des mots « chômage indemnisable » n'est pas nettement établie, la délimitation du cas d'intervention ne pourrait encore se faire avec précision ; le caractère, volontaire ou involontaire, du chômage n'a pas de symptômes extérieurs faciles à contrôler ; dans certains métiers, l'assurance contre le chômage n'a jamais été essayée.

Mais dans les autres pays, où les assurances contre les infirmités physiques ne sont pas encore réalisées, ou dans lesquels on débute à

(1) Il faut cependant signaler avec intérêt les efforts que fait le *Reichs-Arbeitsblatt*, créé cette année pour assurer des données officielles incontestables relatives au chômage. Déjà maintenant on a, régulièrement groupées, les statistiques du placement ouvrier dans les *Arbeitsnachweise* patronaux, ouvriers et paritaires, on a la statistique, de mois en mois plus complète, du nombre des membres des caisses de malades et on a depuis juillet 1903 la statistique du chômage dans les syndicats.

peine dans cette voie, que de difficultés supplémentaires ! L'opinion publique, qui répu-
gne encore tant au principe de l'obligation,
même quand elle n'a plus que des arguments
de sentiment à opposer, ne montrera-t-elle pas
cent fois plus d'hésitations à adopter l'assurance obligatoire contre le chômage dont le
caractère pratique n'est pas même établi ?

Puis, est-ce un argument bien sérieux que
de soutenir qu'on ne doit pas créer dès à présent une Œuvre qui pourra rendre des services
à beaucoup d'ouvriers, sous prétexte qu'on ne
peut pas dès à présent en étendre les bienfaits
à tous ? L'amour de l'égalité et de l'uniformité
des conditions ne doit pas être poussé si loin.

Aussi, en attendant que toutes les objections
théoriques et pratiques soient levées et que
l'heure encore lointaine de l'assurance obligatoire sonne en cette matière, l'opinion s'in-
téresse-t-elle toujours plus à la seule forme
d'organisation de l'assurance qui se soit révélée
comme pratique, celle de l'assurance mutuelle
contre le chômage.

II. — Sans doute, l'assurance mutuelle contre
le chômage n'existe jusqu'ici que dans quelques métiers. Mais leur nombre s'étend sans

cesse et dans tous les pays son développement suit la même marche envahissante. De la typographie, par laquelle elle débute presque partout, l'assurance contre le chômage s'étend bientôt aux divers métiers de l'industrie du Livre, puis aux autres industries de luxe. Après être restée quelque temps cantonnée dans les caisses de résistance de ces petits métiers : gantiers, chapeliers, diamantaires, cigariers : par les bijoutiers et les carrossiers, l'assurance contre le chômage s'étend bientôt à toutes les spécialités de l'industrie du fer et des métaux. Lorsqu'elle s'est implantée là, dans un domaine vraiment ouvrier, les progrès ne s'arrêtent plus : l'assurance contre le chômage envahit bientôt tous les métiers. L'industrie du bois d'abord, où aux crises industrielles à longue période qui sont la terreur des ouvriers de l'industrie du fer, on voit s'entremêler les crises annuelles et saisonnières. Puis elle s'étend aux industries textiles, aux métiers de l'alimentation, aux employés, aux diverses branches de l'industrie des mines et des carrières. Dès lors, la masse de la classe ouvrière est acquise. Il n'y a plus à englober que les métiers pour lesquels les difficultés techniques de l'assurance sont les plus grandes. Dans l'industrie du bâtiment, la seule difficulté est le coût élevé de l'assurance pour un métier où le chômage vient frapper régulièrement et nécessairement chaque année la majorité des ouvriers. A ces difficultés pratiques viennent se joindre des difficultés techniques très graves quand il s'agit d'étendre l'assurance aux ouvriers travaillant chez eux à domicile, particulièrement nombreux dans l'industrie du vêtement et de la chaussure.

On n'a pour ainsi dire rien tenté encore pour les industries des transports en dehors des chemins de fer, spécialement pour les débardeurs et les journaliers. Aucun pays n'a encore franchi ce dernier obstacle.

Telle est la marche, toujours identique, du développement de l'assurance contre le chômage, et chaque pays, chaque ville peut reconnaître ainsi facilement à quelle phase d'organisation il en est arrivé.

III. — Sans doute, à l'heure actuelle, dans chaque métier, les syndiqués, assurés contre le chômage, ne sont encore qu'une faible minorité. Sans doute, la répugnance est naturelle aux ouvriers quand il s'agit de payer les grosses

cotisations nécessaires à l'organisation ration-
nelle de l'assurance. Si, pour éviter des défections, on organise l'assurance contre le chômage comme caisse facultative, on ne groupe
au début que peu d'adhérents. Mais lorsque le
noyau est formé les progrès sont très rapides.
N'y a-t-il pas déjà maint et maint métiers, en
Angleterre par exemple, où la majorité des
ouvriers sont assurés contre le chômage ? Bien
plus, en Danemark, dans ce pays modèle de
l'organisation ouvrière, la majorité des ouvriers industriels n'est-elle pas déjà groupée
dans les syndicats payant l'indemnité de chômage ? N'est-il pas prouvé par mille exemples,
n'est-il pas d'observation banale pour ceux qui
s'occupent d'organisation syndicale, que la per-
manence des membres dans les syndicats n'est
réellement acquise que quand les grosses cotisations, correspondant aux grosses indemnités, sont en vigueur et que les réserves accu-
mulées pendant une longue période de stage
syndical représentent un capital considérable
auquel le syndiqué ne renonce pas facilement ?

IV. — Sans doute, même ces conditions réunies, le montant de l'indemnité de chômage est

faible et ne suffit pas bien souvent à soutenir le
ménage pendant le chômage de son chef. Mais
l'effort que fait l'homme pour assurer son indépendance est plus intéressant encore à voir
naître qu'il n'est difficile à développer. Le sacrifice que l'homme fait au début peut être
faible, ce n'est qu'un commencement, son importance croîtra naturellement au fur et à mesure qu'il en saisira mieux les avantages. Puis,
n'est-ce pas précisément quand l'effort est encore faible et incertain que l'intervention des
pouvoirs publics peut le mieux s'exercer et produit le plus de fruits ?

Il faut proportionner la récompense à l'effort,
aider plus largement celui qui débute et qui en-
treprend une tâche difficile que celui qui a
derrière lui l'expérience facile de plusieurs
années. Le système des subventions, propor-
tionnées à toutes les circonstances locales et
professionnelles, peut parfaitement se plier à
ces mille considérations et susciter des initiatives.

A côté de ces inconvénients, en somme bien
légers, que d'avantages afférents à ce mode d'organisation de l'assurance contre le chômage !

I. — Notons d'abord que les subventions des

pouvoirs publics sont égales pour tous ; et qu'étrangères à toute arrière-pensée politique ou électorale, elles n'ont pas le caractère d'œuvres de charité et de patronage qui détruit l'esprit d'indépendance de ceux qui les acceptent. Ceux qui sont encouragés par les pouvoirs publics à s'assurer contre le chômage restent des hommes libres et indépendants dont la dignité n'est atteinte en rien.

II. — Immédiatement on trouve groupée par milliers l'élite de la classe ouvrière prête à s'imposer des sacrifices pour se prémunir mutuellement contre les conséquences du manque de travail.

III. — Tout organisateur de syndicats devient un propagandiste enthousiaste de l'assurance et tâchera d'amener à elle les membres qui seront gagnés en même temps par les syndicats. D'œuvres de combat social, toujours prêts à partir en guerre contre les patrons, pauvres et n'ayant rien à perdre à la bataille, les syndicats deviennent des œuvres de paix sociale, groupant les plus prévoyants de la classe ouvrière. Sous cette nouvelle impulsion, ils n'abandonneront sans doute pas immédiatement l'idée des grèves, parce que, dans notre

organisation actuelle insuffisante, la grève
paraît être un facteur de la solution des questions industrielles. Mais ils s'efforceront d'en
diminuer le nombre : les chefs sauront que
toute grève est une atteinte à la prospérité
du syndicat, et risque de compromettre la situation financière.

En outre, les syndicats à grosses cotisations
groupent les plus prévoyants et les plus intelli-
gents de la classe ouvrière, à même de juger si
et dans quelle mesure la grève est nécessaire.
Avec ces forts syndicats, les grèves ne seront
peut-être ni moins longues ni moins terribles,
mais du moins elles seront plus rares et n'écla-
teront plus sous de sots prétextes. Des deux côtés, on apprendra à se respecter et à se connaître.
On a constaté que les métiers où l'assurance
contre le chômage donne aux syndicats raison,
fixité et finances, sont en général les premiers
à se fatiguer de l'organisation exclusive des
conflits industriels. Ils commencent à s'occuper
de créer des conseils de conciliation, d'organiser des ententes mutuelles entre syndicats
patronaux et ouvriers, d'établir des échelles
mobiles, des participations aux bénéfices, des
coopératives de production, des tarifs com-

muns de salaires et toutes les autres institutions de progrès social qu'on ne peut espérer voir naître, et prospérer dans une classe ouvrière muette, inerte et amorphe. Mais c'est là une conséquence lointaine du système des encouragements à l'assurance contre le chômage dont il n'y a pas lieu de s'occuper pour le moment. C'est un large horizon aux perspectives séduisantes et illimitées, mais dont on ne peut considérer les beautés comme acquises déjà. Retenons seulement que par ce procédé, on se concilie facilement des milliers d'assurés appartenant à l'élite de la classe ouvrière.

IV. — Ces assurés sont groupés professionnellement, les syndicats ayant tous le mode de recrutement par métier. Or, l'expérience de Saint-Gall a démontré, comme la raison suffisait d'ailleurs à le dire, que le groupement professionnel est indispensable à une organisation méthodique de l'assurance contre le chômage. Une masse confuse de travailleurs, réunissant côte à côte des représentants de métiers où le chômage frappe constamment la majorité des ouvriers (comme les journaliers et les débardeurs) et de ceux où il n'atteint en moyenne que 1 p. 100 des adeptes, en passant par la succession de toutes les situations intermédiaires, ne peut constituer qu'une caisse de charité.

V. — Les membres du syndicat sont habitués au contrôle mutuel. Plus qu'aucune autre forme d'assurance, le chômage involontaire, dont la simulation est beaucoup plus facile que celle de la maladie, de l'invalidité et surtout de l'accident, de la vieillesse et de la mort, requiert impérieusement ce mode de vérification efficace. Aucun fonctionnaire ou policier, en admettant même qu'il fût actif et dévoué, ne peut réaliser un contrôle de ce genre. La défense de l'argent du public ne soulèvera jamais cette ingéniosité, presque cette férocité du contrôle efficace, qu'on rencontre dans les mutualités où les membres comprennent que le simulateur est un voleur, et le plus odieux des voleurs, celui qui dépouille ses frères de travail et de misère. Dans le contrôle mutuel seul, on trouve cette indispensable confiance réciproque qu'on ne trouvera jamais entre patron et patronné, entre bienfaiteur et assisté, entre fonctionnaire et administré.

VI. — Enfin, le système offre l'avantage d'être à la fois beaucoup moins onéreux et plus efficace que celui des caisses spéciales. Dans les syndicats, les ouvriers font eux-mêmes l'effort nécessaire à l'acquisition d'une indemnité de chômage et en supportent les frais. La subvention officielle (analogue à celle donnée par l'empire allemand aux pensionnés pour vieillesse et invalidité) constitue une prime remise sans aucun frais. Au contraire, dans les caisses officielles bureaucratiquement organisées, la majeure partie du coût de l'assurance est fournie par les subventions publiques. Ainsi nous venons de voir que, dans les caisses de Berne, Bologne et Cologne, les cotisations des assurés ne couvrent que de 15 à 40 p. 100 des indemnités, tandis que dans les fonds de chômage organisés en Belgique, ils en payent 60 à 80 p. 100. Cependant les caisses officielles ci-dessus énumérées ont péniblement groupé quelques centaines de membres, tandis que les fonds subventionnant l'assurance libre et mutuelle en ont, dès l'origine, réuni des milliers.

En d'autres termes, une allocation officielle de 10.000 francs dans les caisses officielles parvient à décider les intéressés à faire un effort de 2.000 à 3.000 francs, tandis que, dans le système des subventions, elle soutient et dirige une dépense volontaire de 40 à 50.000

francs. Au point de vue social, qui hésitera à préférer un système où l'intéressé fait presque tout l'effort ?

D'un autre côté, et en face de ces avantages incontestables, se dressait encore une objection pratique fort grave, d'autant plus qu'elle était d'ordre un peu sentimental et qu'elle tirait son fondement d'une atteinte au sentiment d'égalité si fortement ancré au cœur des hommes.

Ces subventions octroyées aux syndicats, le sont à des œuvres dont le caractère politique et social est loin de susciter la sympathie universelle. Dans presque tous les pays, les syndicats se rattachent plus ou moins à l'organisation du parti socialiste politique. Forcer les ouvriers qui désirent se prémunir contre les conséquences du chômage à entrer dans un syndicat, c'est les forcer en même temps à adopter la direction politique et sociale du syndicat et les entraîner éventuellement dans des différends avec les patrons que bien des ouvriers désirent éviter.

Peut-on raisonnablement demander aux partis non socialistes qui gouvernent tous les Etats du monde et presque toutes les communes, de confier ainsi une mission sociale et d'al-

louer des subventions à des institutions créées
pour résister aux patrons et appuyer une politique de classe? Les pouvoirs publics peuvent
se montrer neutres dans les contestations entre
patrons et ouvriers, mais leur demander de
subventionner l'une des parties dans les conflits
sociaux au détriment de l'autre est une chose
impossible. Sans doute, les caisses de chômage
des syndicats ne donnent pas de secours aux
grévistes et aux ouvriers en rébellion contre
leurs patrons, mais favoriser les syndicats,
c'est fortifier aussi les caisses de grève et partant leur faciliter la lutte.

L'objection était fort grave. Pour tous les
pouvoirs publics qui n'ont pas de tendances
socialistes, elle doit même paraître décisive.
Il n'était possible d'espérer des subventions
des Unions professionnelles qu'en obtenant
des pouvoirs publics un acte d'abnégation rare.
Ou plutôt, pour réussir, il fallait parvenir à
trouver un moyen de mettre les ouvriers, non
syndiqués et non socialistes, sur la même ligne
que les membres des syndicats.

Comme les hommes, même les hommes politiques, ne se laissent guère aller à des actes
d'abnégation contraires directement à leurs in-

térêts, c'était surtout dans la seconde voie qu'il fallait marcher, en procurant aux non syndiqués les mêmes avantages qu'aux syndiqués, en soutenant le chômeur sans subsidier le syndicat.

Les sociologues, désireux de développer l'assurance contre le chômage, se sont mis à la recherche d'une solution transactionnelle et en cette matière, ils ont trouvé l'appui le plus cordial et le plus consciencieux de la part des syndicalistes, désireux de voir encourager leurs efforts pour l'assurance contre le chômage et le groupement professionnel et prêts à des sacrifices raisonnables pour réaliser ce but.

Les discussions à ce sujet, sans cesse recommencées dans tous les organes de politique sociale et professionnelle, ont bientôt produit leurs fruits : de divers côtés on s'est mis à proposer les moyens d'encourager les ouvriers à organiser leurs caisses d'assurance contre le chômage, sans les forcer à prendre place dans un parti politique déterminé. Comme presque toujours, lorsqu'on a voulu réussir, on a trouvé. Les créations ont jusqu'ici été surtout nombreuses en Belgique. C'est dans ce pays d'abord que tous les partis ont réalisé l'accord sur

une solution. C'est pour cela que, dans la presse
étrangère, on a souvent désigné le système
entier des subventions aux caisses de chômage
des Unions professionnelles des noms de système belge, ou même de système gantois. Ce
ne sont cependant pas, loin de là, les seuls qui
aient été conçus, ni même réalisés.

On examinera dans les pages suivantes, pour
chacun des principaux pays de l'Europe, quelles
sont les formules actuellement les plus recher-
chées en matière d'assurance officielle contre
le chômage. On commencera par le pays que
l'auteur connaît le mieux et où d'ailleurs, les
applications de l'assurance officielle ont été les
plus nombreuses jusqu'ici : la Belgique.

CHAPITRE III

LES POUVOIRS PUBLICS ET L'ASSURANCE CONTRE LE
CHÔMAGE DANS LES DIVERS PAYS.

§ 1. — L'assurance contre le chômage en Belgique.

Contrairement à ce qu'on entend parfois soutenir, Gand n'a pas organisé le premier fonds de chômage belge. Cet honneur .revient à la province de Liège. Mais dans la solution intervenue pour cette province, que dirige une députation permanente radicale socialiste, on se contentait de subventionner les Unions professionnelles qui organisent l'assurance contre le chômage, sans s'occuper de trouver la contre-partie nécessaire pour faire admettre le projet par les divers partis politiques et sociaux L'insignifiance de la subvention votée, le peu de retentissement qu'eut la mesure, les résultats presque nuls que le vote avait produits :

autant de raisons qui expliquent, sans la justifier, l'indifférence publique..

Dès le 27 juillet 1897, le Conseil provincial de Liège avait, en effet, sur la proposition de la députation permanente, inscrit une subvention de 1.500 francs au profit des caisses mutuelles d'assurance contre le chômage de la province, ayant au moins deux années d'existence.

Ce subside est réparti, depuis 1899, entre les syndicats : un tiers en proportion du nombre des membres de ces syndicats, un tiers en proportion des cotisations des membres, un tiers enfin en proportion des indemnités de chômage allouées.

En 1901, le nombre des syndicats qui avaient participé à cette répartition n'était encore que de trois : le Syndicat des mécaniciens et la Société typographique, de Liège, et le Syndicat des mouleurs, de Herstal. Ensemble, ils comptaient 288 membres, avaient consacré 1.220 francs à l'assurance contre le chômage, et reçu 1.239 fr. 30 de subventions.

Le mode de répartition de la subvention n'était pas des plus heureux : par exemple, le Syndicat des mécaniciens de Liège, qui avait consacré 1 fr. 50 à cette assurance, avait reçu 309 fr. 60 de subventions.

L'an passé, depuis la propagande faite dans la Belgique entière par la création des Fonds communaux d'assurance contre le chômage, la situation a un peu changé. En 1902, le nombre des syndicats participant au fonds liégeois était monté à 7, groupant 630 membres. Ils avaient payé 3.718 fr. 15 en secours de chômage et reçu de ce chef 1.500 francs de subventions. Le Syndicat des employés de Liège, qui n'avait distribué aucun secours de chômage, recevait 77 fr. 30 de subventions, tandis que le Syndicat des mouleurs de fonte, qui avait distribué 1.034 francs, ne recevait que 206 fr. 72 de subventions, et la typographique liégeoise, pour 536 fr. 45 d'indemnités, 465 fr. 58 de subventions.

Le progrès du fonds de chômage provincial liégeois a donc été assez considérable pendant la dernière année : aussi le Conseil provincial a-t-il porté pour 1903 la subvention de 1.500 à 3.000 francs. Mais l'importance de l'œuvre reste faible.

On a vu plus haut combien rapidement l'assurance contre le chômage avait pris des

développements parmi les Unions professionnelles belges dans le courant des trois dernières années. Ces progrès furent réalisés à la
suite d'une propagande active menée par les
Fédérations professionnelles belges, depuis
l'institution des fonds liégeois et gantois d'assurance contre le chômage.

Les débuts de ce mouvement avaient été
spécialement soutenus et encouragés par la
publication des travaux d'une commission d'enquête gantoise sur la matière du chômage
industriel. Composée de délégués de tous les
partis politiques, pris en nombre égal parmi
les patrons, les ouvriers et les sociologues,
cette commission s'était prononcée à l'unanimité moins une voix en faveur d'un système
d'encouragements à la prévoyance contre le
chômage qui avait été formulé et défendu par
le rapporteur de la commission et qui différait
fortement du système liégeois (1).

Le rapporteur s'était efforcé, tout en adop-
tant le système des subventions à l'assurance

____

(1) Ville de Gand. Commission spéciale pour l'étude de
la question du chômage, *Rapport et projet de règlement*,
par M. Louis Varlez, secrétaire-rapporteur, Gand, 1900.

mutuelle, de faire disparaître les objections graves qu'on pouvait formuler.

Quatre moyens étaient surtout préconisés à cette fin :

I. — Les subventions étaient données non seulement aux ouvriers faisant partie de caisses d'assurance contre le chômage, mais à tous ceux qui, par le moyen de l'épargne ou autrement, associés ou isolés, prenaient des mesures pour se prémunir contre les conséquences du chômage. A défaut d'autres organisations, les épargnants isolés pouvaient faire inscrire leur livret d'épargne et obtenir, en cas de chômage et de reprises d'épargne, des subventions identiques à celles qu'obtenaient les chômeurs des caisses d'assurance syndicales.

II. — Toute caisse d'épargne ou d'assurance, ayant en vue le chômage, qu'elle fût syndicale, mutualiste, patronale, confessionnelle ou spéciale, pouvait obtenir les mêmes faveurs.

III. — Aucune subvention n'était directement remise aux syndicats et n'entrait dans les caisses de l'association. Le produit de la subvention devait être directement remis aux chômeurs syndiqués et, pour éviter tout abus, le syndicat devait avoir avancé la majoration au chômeur avant de pouvoir la réclamer au Fonds de chômage.

IV. — L'objection contre les subventions syndicales était à Gand beaucoup moins forte que dans d'autres villes, parce que, comme on a déjà pu le constater au cours de diverses études publiées dans les Circulaires du Musée social (1), chaque parti politique y a, à sa suite, un certain nombre de syndicats, de telle sorte qu'il n'existe à Gand aucun parti qui leur soit systématiquement hostile. (D'après les derniers renseignements : les syndicats socialistes comptent 7.714 membres, les catholiques antisocialistes, 3.475 membres ; les libéraux 1.426 ; et les neutres, qui renferment surtout des employés, 3.532.)

Grâce à ces mesures, les divers partis purent se rallier au système proposé et le Conseil communal, en séance du 29 octobre 1902, à l'unanimité moins une voix aussi, vota le projet de règlement tel qu'il lui était soumis. Le règlement portait qu'au début de chaque mois, le Comité du fonds ferait connaître le montant

(1) Voir dans les Circulaires du Musée social, *La Fédération ouvrière gantoise*, et dans les Mémoires et documents, *Quelques pages d'histoire syndicale belge.*

de la majoration allouée aux chômeurs, syndiqués ou épargnants, affiliés au fonds.

Tous recevaient des majorations équivalentes, d'après l'importance de l'effort de prévoyance que le chômeur, isolé ou associé, avait fait. Si le chômeur avait veillé à s'assurer un secours de chômage long et considérable, il recevait une récompense proportionnée aux sacrifices faits.

L'encouragement, la majoration étaient aussi considérables que le permettait le rapport entre la proportion du chômage et l'état de l'encaisse du Fonds.

Cependant, pour empêcher que les subventions ne devinssent trop considérables, ne dépassassent leur rôle d'encouragement et ne fussent des charités exagérées et dangereuses, les statuts du Fonds de chômage stipulaient quatre maxima :

I. — Jamais l'encouragement communal ne peut être plus considérable que le résultat de l'effort personnel.

II. — La majoration ne peut être accordée sur une somme supérieure à un franc par jour au maximum.

III. — Elle ne peut l'être que pendant cinquante jours par an au maximum.

IV. — Jamais les subventions ne pourront servir à soutenir, directement ou indirectement, les ouvriers en grève ou en lock-out, ou en état de conflit avec leurs patrons, pas plus, d'ailleurs, qu'elles ne peuvent servir à aider les ouvriers malades, infirmes ou vieillis, ni à secourir un sans-travail qui n'aurait pas fait par lui-même acte de prévoyance.

Pour faire comprendre le fonctionnement du Fonds, il suffira de constater qu'avec le taux de majoration qui a été le plus fréquent, 50 p. 100, un syndiqué qui se serait assuré un secours hebdomadaire de 9 francs, comme l'isolé qui retirerait une épargne de 9 francs, obtiendrait une majoration de 3 francs, soit en tout une indemnité de 12 francs. Si l'indemnité est de 6 francs, la majoration reste fixée à 3 francs, si elle ne dépasse pas 3 francs, la majoration tombera à 1 fr. 50 et ainsi de suite.

Pour permettre le fonctionnement de ce Fonds de chômage, le Conseil communal de Gand vota, le **28** janvier 1901, une première subvention annuelle de 10.000 francs.

La création du Fonds de chômage fut accueillie avec enthousiasme par la classe ouvrière gantoise, et en quelques mois presque tous les syndicats firent les démarches nécessaires pour obtenir l'affiliation au Fonds : actuellement, dans la seule ville de Gand, il y a 34 syndicats affiliés, réunissant 12.038 membres de tous les groupes syndicaux : socialistes, catholiques, neutres et libéraux.

Non seulement on avait obtenu l'adhésion des syndicats de l'industrie du livre, des métallurgistes, des travailleurs du bois et des industries textiles, qui, depuis quelque temps déjà, organisaient l'assurance contre le chômage, mais un grand nombre de syndicats pour lesquels la pratique de cette assurance présentait des difficultés spéciales à cause de l'étendue du risque, n'avaient pas hésité à tenter ce mode de la prévoyance mutuelle. Les maçons, les peintres même, organisèrent l'assurance, les cordonniers et les tailleurs antisocialistes créèrent un système mixte entre l'assurance et l'épargne, tandis que les tailleurs, couturières et débardeurs socialistes tentent actuellement l'organisation de divers systèmes d'épargne contre le chômage. Mais à raison de la nouveauté de la formule, il y a de très réelles difficultés de mise en train. Toutes les organisations qui ont réalisé l'assurance continuent à la pratiquer malgré les charges souvent considérables qu'elle impose à leurs membres. Ainsi on a vu les maçons doubler leur cotisation syndicale, la porter de 60 centimes à 1 fr. 20 par mois, et la payer. En janvier 1903, quand un chômage intense sévissait pour eux, ces deux syndicats, qui ne comptaient pas 400 membres, ont dépensé en un mois de leur caisse, sans l'épuiser, 2.334 fr. 04 et reçu 1.703 fr. 70 de subventions.

Tandis que certains syndicats créaient ainsi de toutes pièces l'assurance contre le chômage, d'autres en étendaient considérablement les services. Ici on doublait, triplait, décuplait même le montant de l'indemnité de chômage, là on prolongeait la durée du secours. Ailleurs encore on étendait le nombre des cas d'application de l'assurance. Bref, depuis qu'on a parlé à Gand de la création du fonds de chômage, il n'est probablement pas un seul syndicat ouvrier qui n'ait modifié son règlement dans le sens du développement de la nouvelle assurance. Syndicats socialistes, catholiques, neutres, libéraux, tous rivalisaient. Aussi dans la seule ville de Gand a-t-on actuellement plus de 12.000 ouvriers garantis contre le risque du chômage involontaire. L'an passé, ce chiffre atteignait près de 15.000, mais les syndicats ont eu à subir beaucoup de défections à la suite de l'échec de leur grève générale. Le secours donné par le syndicat est souvent assez considérable. Chez les ouvriers des métaux, chez les doreurs, chez les typographes, chez les relieurs, il s'élève jusqu'à 9 et 10 francs par semaine. Ailleurs il est de 7 fr. 50, 6 francs, 5 francs, 4 francs. Il n'y a qu'un seul syndicat où il ne dépasse pas 3 francs par semaine.

L'importance des sommes ainsi consacrées à l'assurance contre le chômage involontaire va sans cesse en augmentant.

En 1898, alors que le Conseil communal de Gand appointait la commission spéciale d'étude sur le chômage, les syndicats gantois consacraient 15.000 francs par an à l'assurance contre le chômage et les arrêts par suite d'accidents dans les fabriques.

En 1900, alors que le Conseil communal de Gand votait les statuts de l'œuvre et que les syndicats modifiaient leurs règlements en vue d'y adhérer prochainement, ces sommes étaient déjà portées à 25.000 francs.

En 1901, après la mise en exercice du Fonds,

le montant des sommes consacrées à l'assurance contre le chômagne atteignait presque 50.000 francs, en y comprenant les 6.253 francs de subventions distribuées (1).

En 1902, les 28 syndicats qui ont obtenu des majorations ont dépensé de leur caisse 41.000 francs. Ils ont obtenu 16.000 francs de majoration : il a ainsi été consacré, sous le contrôle du Fonds, 57.000 francs à l'indemnisation des conséquences du chômage.

En 1903, les comptes ne sont pas encore arrêtés, mais il est probable qu'on constatera une nouvelle majoration, quoique plus faible déjà ; car les syndicats gantois ont, au point de vue du chômage atteint un degré de développement, qui ne permettra probablement plus que des progrès beaucoup plus lents dans l'avenir. Pendant les six premiers mois de l'année, il a été payé 33.000 francs d'indemnités.

Tandis que le fonds d'encouragement à l'assurance contre le chômage produisait des résultats si satisfaisants et réalisait ou dépassait les espérances les plus optimistes de ses fonda-

(1) Ville de Gand. *Fonds de chômage, Rapport au conseil communal de Gand sur la première année de fonctionnement du Fonds communal gantois contre le chômage*, par Louis Varlez, président. Gand, 1902.

tours, le Fonds d'épargne individuelle ne prenait que des développements très lents.

Jusqu'ici, 13 ouvriers seulement se sont fait inscrire. A Anvers, où on a adopté le même règlement, le succès est moindre encore : on n'a pas un seul affilié. La propagande n'a cependant pas chômé à Gand. Des affiches ont été apposées aux portes de toutes les usines ; des milliers de circulaires ont été distribuées aux membres des mutualités et des syndicats auxquels il n'était pas possible d'adhérer comme associations ; des appels par la presse ont été lancés. Rien de cela n'est parvenu à secouer l'apathie des ouvriers propriétaires de livrets d'épargne et qui se comptent à Gand par milliers. Ces ouvriers, qui répugnent à accepter le lien syndical, ont montré la même répugnance à l'égard de la dénonciation de leur livret d'épargne au bureau de l'Hôtel de Ville chargé de l'immatriculation des livrets et de l'inscription des membres du Fonds d'épargne.

La fondation de sociétés spéciales, se chargeant de réunir les livrets des membres et de faire les démarches nécessaires à leur inscription, n'a pas non plus produit de fruits. La création de ces groupements est d'ailleurs

trop récente pour qu'on doive désespérer jusqu'ici. Peut-être que l'avenir donnera de meilleurs résultats.

Pour les provoquer, le nouveau règlement
du Fonds de chômage, que le Conseil communal
devra statutairement reviser à la fin de l'année
1903, supprimera encore beaucoup des forma-
lités actuellement existantes, quitte à les rétablir lorsque la classe ouvrière aura éprouvé
l'avantage qu'elle peut retirer du fonctionnement du Fonds d'épargne en vue du chômage.
Le projet suivant a été discuté et approuvé au
sein du Comité qui en a proposé l'adoption par le
Conseil communal de Gand. Toute inscription
de livret, préalable à la déclaration de chômage,
est supprimée, de sorte que tout ouvrier ayant
épargné a droit à obtenir les mêmes majorations que les syndiqués, pourvu qu'il consente
à laisser contrôler son chômage : les ouvriers
épargnants, réfractaires à l'idée syndicale, ne
pourraient imaginer un régime plus libéral.

La réorganisation du Bureau de placement
officiel à Gand, actuellement à l'examen, pourra
d'ailleurs contribuer beaucoup au développement de l'épargne en vue du chômage par le
contact fréquent que les chômeurs auront avec
la direction de cette œuvre.

A l'usage, le Fonds de chômage gantois a continué à jouir de la sympathie de la classe ouvrière et des divers partis qu'il avait obtenue dès ses débuts.

Le Conseil communal de Gand, avec ses éléments si divers, non seulement a continué à voter le subside de la première année, mais il l'a très sensiblement majoré chaque année. Pour 1902, la subvention communale a été portée à 15.000 francs. Pour l'année 1903, la subvention a été maintenue à 15.000 francs, mais le Conseil communal a encore voté une subvention extraordinaire de 5.000 francs, destinée à être remise aux ouvriers affiliés au Fonds qui ont épuisé leurs indemnités et qui continuent à être atteints par le chômage. Ces indemnités sont remises par fractions hebdomadaires de 3 francs aux affiliés qui ont épuisé leurs secours et n'ont pas touché leur maximum de majoration. En d'autres termes, c'est, en faveur des ouvriers dont le chômage se prolonge après l'époque prévue pour l'indemnisation du chômage, une majoration rétroactive de l'indemnité syndicale jusqu'au taux maximum permis par les statuts du Fonds.

Cette allocation extraordinaire avait été

demandée par le Comité du Fonds de chômage gantois en considération du grand nombre d'ouvriers, affiliés au Fonds de chômage par l'intermédiaire des syndicats, qui, malgré les efforts de prévoyance qu'ils avaient faits, voyaient leur indemnité syndicale cesser sans voir disparaître leur chômage. Les syndicats ne donnent en effet généralement leurs indemnités que pendant quatre à huit semaines. Il résultait de relevés mensuels de chômage communiqués à l'auteur par les représentants de 26 syndicats qui avaient organisé l'assurance contre le chômage que, sur 651 chômeurs compris dans ces syndicats à diverses époques, il y en avait :

262 recevant une indemnité de chômage ;

270 ayant épuisé leurs indemnités syndicales ;

111 n'ayant pas encore achevé la période de stage syndical et n'ayant par conséquent pas encore droit au secours.

C'était en faveur de la deuxième catégorie, à certains égards la plus intéressante de toutes (car ce sont ceux dont le chômage dépasse comme durée la prévoyance ordinaire), que ce fonds spécial était créé et qu'il fonctionne depuis le début de l'année 1903 : pendant les huit premiers mois de son fonctionnement, il a alloué 1665 fr. 70 à des membres de 18 syndicats.

Ce ne sont pas seulement les sympathies du Conseil communal de la ville que l'organisation est parvenue à conquérir. Tandis que la caisse de Saint-Gall n'était jamais parvenue à attirer un seul des faubourgs et que la ville même a aboli le système au bout d'un an, l'application du système gantois a séduit les trois faubourgs de cette ville qui, à l'unanimité des voix aux conseils communaux, ont tous trois décidé de demander, et ont obtenu, en 1903, leur affiliation au Fonds gantois contre le chômage. Ils ont voté à cet effet chacun un crédit de 1.000 ou de 750 francs.

Le Fonds gantois ayant la plus longue existence de tous les fonds de chômage belge, il peut être intéressant de donner quelques renseignements pratique sur son fonctionnement : ils montreront la facilité avec laquelle les secours varient et s'approprient aux circonstances locales et saisonnières.

Le Conseil d'administration a été, pour la première période d'expérimentation triennale, nommé par le Conseil communal de Gand : parmi les membres figurent cinq délégués des associations professionnelles affiliées au Fonds. Des recherches théoriques, poursuivies depuis longtemps sur l'importance du chômage, engagèrent le Conseil d'administration à fixer au début les majorations à 50 p. 100 du montant des indemnités syndicales. C'était en août 1901.

L'expérience montra que ce taux était un peu élevé eu égard au montant du crédit d'alors. Aussi, en considération du fait que les ouvriers atteints par un chômage par manque de travail étaient dans une condition plus misérable que ceux temporairement sans ouvrage par suite d'un accident survenu dans une fabrique, on abaissa le taux des secours à 30 p.100 pour ces derniers et on le laissa à 50 p. 100 pour les premiers.

A la fin de 1901, et pour les cinq premiers mois de fonctionnement, les syndicats affiliés, alors au nombre de 20, avaient dépensé de leurs caisses 9.990 fr. 29 en secours de chômage proprement dits et 7.884 fr.90 en secours pour arrêts de fabriques : ils avaient en outre distribué à leurs chômeurs indemnisés 3.732 fr. 22 de majorations communales pour chômage et 2.521 fr.62 pour bris, soit ensemble 24.129 fr.03

consacrés pendant ces cinq mois à l'assurance contre le chômage en faveur de 2.089 bénéficiaires.

Le Conseil communal ayant porté la subvention annuelle à 15.000 francs pour 1902, le taux de la majoration fut uniformément rétabli à 50 p. 100, taux auquel l'allocation resta fixée jusqu'au mois de novembre 1902. Comme on approchait de l'hiver et que le Fonds de chômage possédait une légère réserve, on décida alors de laisser la majoration au taux de 50 p. 100 pour les femmes, les ouvriers de moins de 21 ans et pour les cas de bris, et de porter l'indemnité à 70 p. 100 pour les hommes adultes, en cas de chômage proprement dit. Cette mesure avait été prise à la suite de l'observation faite au sein du Comité, qu'il y avait danger réel à allouer les mêmes secours aux hommes, dont les salaires sont relativement élevés, qu'aux femmes et aux enfants. Pour ceux-ci, l'indemnité, trop forte en égard au salaire, pouvait avoir pour effet de les exciter à prolonger abusivement la durée du chômage, tout au moins de les rendre moins actifs dans la recherche de nouveau travail avant épuisement de leur indemnité syndicale. L'encaisse du Fonds de chômage avait été réservée pour les mois d'hiver parce que le besoin des chômeurs est alors plus considérable et que les conséquences de la misère sont plus dures.

Pendant le courant de l'année 1902, les 27 syndicats affiliés, qui avaient obtenu des majorations, avaient dépensé de leurs caisses 34.025 fr. 04 pour l'assurance contre le chômage proprement dit, et 7.185 fr. 66 pour les arrêts de fabrique, soit ensemble 41.210 fr. 70. Ils avaient en outre remis comme majorations communales 13.711 fr. 42 pour chômage et 2.459 fr. 68 pour arrêts de fabrique, soit ensemble 16.171 fr. 10 ; il avait ainsi été alloué en tout aux chômeurs involontaires 57.381 fr. 80.

En 1903, pour les mois de janvier et février pendant lesquels le chômage est particulièrement dur, et pour encourager à l'assurance les tailleurs, les cordonniers, les maçons et peintres, dont le montant de l'indemnité syndicale ne dépassait généralement pas 0 fr. 75 par jour et dont les efforts sont particulièrement méritoires, le Comité décida de majorer à nouveau les indemnités. Elles furent portées à 100 p. 100 pour les hommes en cas de chômage, mais limitées à 0 fr. 75 comme maximum quotidien de la somme à majorer. Pour les bris, ainsi que pour les femmes et mineurs, la majoration fut laissée au même taux de 50 p. 100 sur 1.000 francs au maximum. Le mois de janvier 1903 fut le mois le plus chargé de dépenses : les syndicats allouèrent 7.827 fr. 84 et le fonds communal majora ces sommes de 4.805 fr. 68, soit en un mois 12.633 fr. 52.

Pour mars et les mois suivants, on dut réduire le montant des majorations à 60 p. 100 pour les hommes adultes et à 40 p. 100 pour les femmes, mineurs et arrêts de fabrique. Ce taux est resté en vigueur jusqu'à aujourd'hui.

Pour les six premiers mois de l'année 1903, les syndicats ont dépensé 18.524 fr. 69 pour chômage et 1.386 fr. 86 pour bris : ils ont obtenu de ce chef 9.846 fr. 95 de majorations à charge de Gand et 642 fr. 50 à charge des faubourgs.

Le succès obtenu par le Fonds gantois d'assurance contre le chômage, la facilité avec laquelle il fonctionnait, les garanties qu'il donnait pour empêcher que les majorations remises aux syndiqués ne fussent détournées de leur destination, le contrôle rigoureux qui y régnait, la bonne harmonie qui n'a cessé d'exis-

ter entre les membres des divers partis repré-
sentés dans le Comité firent le plus grand effet
dans les autres villes.

Pendant les années 1900 à 1903, les congrès
nationaux des Fédérations professionnelles des
ouvriers chrétiens du textile, des typographes-
compositeurs neutres, des maçons, plafon-
neurs, ardoisiers et aides, des travailleurs des
métaux, des travailleurs du bois socialistes,
des relieurs neutres, ainsi que les Fédérations
nationales des syndicats libéraux, socialistes et
neutres, et catholiques, émirent des vœux éner-
giques en faveur de la généralisation des systèmes de subvention aux syndicats pratiqués
à Liège et à Gand.

Des comités de propagande locaux, réunissant les syndicats des diverses opinions politiques se formèrent aussitôt dans presque toutes
les grandes villes belges pour promouvoir et
développer l'assurance contre le chômage.

A Anvers, l'autre grande ville flamande, un
premier Comité local de syndicats se constitua
immédiatement. Il fit la propagande la plus
vive pour l'introduction du système des subventions aux caisses de chômage. Les premières
sympathies ouvrières allèrent tout naturelle-

ment au système liégeois de subventions aux syndicats mêmes. Mais bientôt on dut reconnaître que le vote d'un projet de ce genre ne pourrait se réaliser dans une ville où l'administration communale était entre les mains des bourgeois, libéraux et catholiques. Le Comité décida donc de se contenter de l'introduction du système gantois, dont on demanda d'adopter les statuts et le règlement tels quels. Le Conseil communal d'Anvers, comme celui de Gand, vota le projet à l'unanimité moins une voix, et, depuis le 1er septembre 1902, fonctionne à Anvers un système de subventions à la prévoyance en vue du chômage identique à celui qui a été créé à Gand.

Mais, à Anvers, la préparation syndicale à l'assurance contre le chômage est moins complète qu'à Gand, l'habitude des fortes cotisations est moins implantée, la persévérance syndicale est moins grande. Aussi les progrès de l'assurance contre le chômage ne se font que lentement : jusqu'à présent, on a presque toujours pu allouer la majoration maxima de 100 p. 100. Depuis septembre 1903, elle a cependant été réduite à 80 p. 100.

Mais ici aussi le progrès est sensible, et si

l'on tient compte de la circonstance que le point de départ était beaucoup plus bas, le développement est peut-être plus remarquable encore qu'à Gand, ville pour laquelle le système avait été créé et adapté spécialement aux circonstances locales.

Aussi la vigueur de ce système, après sa transplantation, permet de croire qu'il est réellement vivace.

A Anvers, comme à Gand, le fonctionnement du fonds de chômage de la ville a eu sa répercussion dans les faubourgs. Déjà deux d'entre eux, Borgerhout et Hoboken ont obtenu leur affiliation au Fonds, et voté des subventions de 1.000 et de 500 francs en faveur de l'œuvre.

Un troisième, Berchem, a créé une caisse spéciale sur des bases analogues.

Tandis qu'à Gand, presque tout l'effort avait été fourni dès le début et que les deux premiers mois de fonctionnement donnaient déjà près de 10.000 francs consacrés par 13 syndicats à l'assurance contre le chômage, on a, pendant les deux premiers mois de fonctionnement à Anvers (septembre-octobre 1902), consacré à cette fin moins de 5.000 francs, malgré les majorations plus considérables.

Quoique le nombre de syndicats affiliés ait considérablement augmenté et soit maintenant de 20, les sommes consacrées à l'assurance ne changent guère.

Il n'y a pour ainsi dire que trois syndicats qui aient jusqu'ici réellement et puissamment organisé cette assurance : les cigariers, les imprimeurs et les employés, appartenant tous trois à ces métiers d'art pour lesquels cette organisation est la plus commode et la plus prompte. Mais sous peu, à ces trois, et aux dix-sept autres qui commencent l'organisation, viendront se joindre les diamantaires qui, en quelques mois, ont déjà réuni un fonds de réserve de 41.000 francs. Ils comptent consacrer à l'assurance contre le chômage plus que tous les syndicats gantois réunis : 58.000 francs par an ! En présence de cette prédominance d'un métier, de cet énorme afflux de chômeurs, que deviendra le Fonds de chômage ? On ne peut encore le dire ; en tout cas, le fait d'avoir créé une assurance de ce genre dans un grand syndicat à fort chômage peut constituer un résultat durable.

La même année encore, Ixelles, l'un des principaux faubourgs de Bruxelles, adopta pour l'encouragement de l'assurance et de l'épargne contre le chômage, des dispositions presqu'identiques à celles qui avaient été arrêtées à Gand.

Son Fonds d'épargne ne compte jusqu'ici aucun membre.

L'organisation entière, mal soutenue ici par les unions professionnelles, n'a pas donné de résultat fort brillant, au moins pour la première année : elle n'avait eu que 7 chômeurs syndiqués à soutenir ; ils avaient reçu 244 francs de subventions communales en récompense de leurs efforts personnels pour se prémunir contre le chômage.

A Bruxelles même, où l' ministration a sensiblement les mêmes tendances politiques qu'à Gand, à Anvers et à Ixelles, le groupe socialiste introduisait aussi au Conseil communal une proposition de subventions aux Unions professionnelles qui organisent l'assurance contre le chômage.

Les syndicats affiliés à la Commission syndicale du parti ouvrier, — parmi eux, il y a un certain nombre de syndicats neutres, comme les typographes, les gantiers et quelques autres avaient — de leur côté, adressé une requête à tous les conseils communaux de l'agglomération, demandant de voter des subventions à leurs caisses mutuelles d'assurance contre le chômage.

Mais, par un sentiment égoïste qu'on rencontre même dans les associations de solidarité, les syndicats ne s'étaient occupés que d'eux-mêmes et oubliaient qu'ils ne représentaient qu'une minime partie des ouvriers de l'agglomération.

Leur requête tendait à voir allouer à la Commission syndicale par toutes les communes de l'agglomération bruxelloise des subventions suffisantes pour permettre d'indemniser les syndicats à concurrence de la moitié des frais occasionnés par l'assurance contre le chômage. Ils voulaient ainsi introduire dans l'agglomération bruxelloise le système voté par le conseil provincial de Liège, sans même songer à concéder les garanties accordées à Gand, à Anvers et à Ixelles. Aussi la proposition ne réunit-elle au vote à Bruxelles que 11 voix contre 22, c'est-à-dire les seuls votes du groupe socialiste. Les libéraux et les catholiques s'étaient entendu pour la rejeter et la remplacer par une autre proposition, d'un caractère différent, allouant un crédit de 10.000 francs au bourgmestre pour le répartir entre tous les ouvriers sans travail, syndiqués ou non, dont l'honnêteté aurait été établie à la suite d'une enquête administrative confiée à la police et à l'administration de la bienfaisance. Cette dernière proposition fut votée par 33 voix contre 2.

C'était à l'occasion de la discussion du budget de 1902.

Les syndicats professionnels, à la suite d'une nouvelle, mais vaine tentative pour être admis à contrôler la distribution de ces secours, décidèrent de faire appel à l'esprit de dignité de la classe ouvrière bruxelloise et engagèrent les chômeurs à refuser de recourir à ces aumônes. En effet, les demandes de secours de la part de membres intéressants de la classe ouvrière bruxelloise furent si peu nombreuses que, après les neuf premiers mois, le bourgmestre n'avait encore pu distribuer que 2.641 francs de charité à 140 chômeurs, tandis qu'il résultait de la requête adressée au Conseil communal que, pendant les six premiers mois de l'année antérieure, les 29 syndicats affiliés à la commission syndicale seuls avaient dépensé pour chômage de leurs caisses 13.697 francs à Bruxelles, plus 20.000 francs dans les huit autres communes de l'agglomération.

Le bourgmestre et l'administration communale de Bruxelles ne sont cependant pas hostiles à la création des caisses mutuelles d'assurance contre le chômage.

Bien au contraire, le bourgmestre de la capitale s'est entendu avec tous les bourgmestres de son agglomération pour faire envoyer par les conseils communaux une requête aux Chambres législatives, demandant que la loi sur les *mutualités* soit modifiée de manière à permettre l'organisation de vastes mutualités locales, réunissant des ouvriers de divers métiers et s'occupant exclusivement d'organiser dans leur sein l'assurance contre le chômage.

Des requêtes en ce sens ont été envoyées aux Chambres législatives par toutes les communes de l'agglomération bruxelloise, et il semble résulter de la discussion que les opposants au système des subventions aux syndicats seraient tout disposés à voter des subventions en faveur des membres de ces mutualités. Mais une modification à la loi est indispensable à cet effet, parce que les mutualités légalement reconnues, qui seules peuvent recevoir des subventions communales, ne peuvent s'occuper d'assurances contre le chômage. Légalement cette assurance ne peut actuellement être organisée que dans les Unions professionnelles, qui ne peuvent recevoir dans leur sein les ouvriers de diverses professions sans violer la loi.

Les requêtes, expédiées il y a deux ans, n'ont malheureusement pas encore amené de modifications à la loi.

Dans les autres communes de l'agglomération bruxelloise, la proposition de la Commission syndicale eut un peu plus de succès.

Tandis que Bruxelles rejetait tout système de subvention à l'assurance mutuelle ou syndicale contre le chômage, et qu'Ixelles adoptait le système gantois, Curegem-Anderlecht et Schaerbeek entraient dans les vues de la commission syndicale et lui remettaient la première 1.000 francs, la seconde 2.000 francs en faveur des chômeurs des syndicats habitant ces deux communes. Mais Schaerbeek, reconnaissant le caractère partial du projet, avait voté un second subside de 2.000 francs en faveur des chômeurs non syndiqués.

A Molenbeeck, une caisse de chômage fut également instituée et dotée d'un crédit de 3.000 francs : elle répartit cette somme tant entre les membres indemnisés pour chômage

par leurs syndicats que parmi les chômeurs
non indemnisés. A la différence de ce qui se
passe à Gand, Anvers et Ixelles, le secours va
donc aussi bien aux ouvriers qui ont fait des
efforts pour prévenir les conséquences du chômage qu'à ceux qui n'ont rien fait.

Saint-Josse-ten-Noode, autre faubourg de
Bruxelles, a voté un crédit de 2.000 francs comme
part d'intervention de la commune dans un
fonds destiné à la création d'une caisse de chômage intercommunale, mais, cette institution,
ne s'étant pas réalisée, rien ne fut dépensé de
ce chef en 1902.

Saint-Gilles vota également un crédit, et
chargea une commission spéciale d'en étudier
le mode de répartition : ces études ne sont pas
encore terminées. En attendant et provisoirement, on alloue un subside de vingt francs par
sans travail ayant chômé plus de trente-six jours
et faisant partie des syndicats qui possèdent une
caisse de chômage fournissant au moins un
franc de secours de chômage par jour. Un secours analogue est alloué aux autres chômeurs
aussi, pourvu qu'ils ne soient pas déjà secourus
par le Bureau de bienfaisance.

Dans les autres faubourgs, aucune solution
n'est intervenue, en 1902.

Comme on le constate, dans presque tous les faubourgs le projet d'encourager la prévoyance en vue du chômage avait été fort bien reçu ; mais l'abstention de la capitale rendait impossible la création d'une caisse intercommunale centrale.

D'un autre côté, le projet de la Commission syndicale n'avait été accepté formellement et tel que par l'un des moindres faubourgs : Curegem-Anderlecht. Partout ailleurs des modifications plus ou moins essentielles y avaient été apportées, si bien qu'au lieu des 32.500 fr. de subventions que réclamait la Commission syndicale, elle n'en avait obtenu que 3.000 pour les chômeurs syndiqués de Curegem et Schaerbeek. La Commission syndicale, réduite à cette portion congrue, organisa la répartition du secours et adopta pour la remise des subventions aux Unions professionnelles un système très analogue à celui qui avait été inauguré à Gand, c'est-à-dire l'avance des subventions par le syndicat et la répartition de la subvention à la fin de chaque mois sur le vu d'un bordereau récapitulant les secours fournis par le syndicat. Mais les subventions ne s'appliquaient qu'à Schaerbeek où, pour les trois premiers mois,

5 syndicats reçurent 339 francs, et à Anderlecht où 8 syndicats recevaient pendant le même temps 238 fr. 48. A Molenbeeck et à Ixelles, l'administration communale remettait directement des subventions analogues aux Unions professionnelles. Saint-Gilles vient d'adopter la même mesure.

Chaque commune avait donc organisé la chose de son côté et un mouvement d'ensemble pour 1902 ne pouvait pas se réaliser dans l'agglomération bruxelloise.

En vue de 1903, une nouvelle tentative fut faite pour convertir l'administration communale de Bruxelles. Les socialistes reconnurent que leur plan d'encouragement à la prévoyance contre le chômage au sein des seuls syndicats n'avait aucune chance d'être adopté par le Conseil communal de Bruxelles. Aussi se rallièrent-ils avec plaisir à la proposition qui leur était faite par divers conseillers communaux catholiques, d'adopter pour toute l'agglomération bruxelloise, le système gantois. Mais le collège échevinal libéral persista dans son opposition à tout système de subvention aux syndicats, directe ou indirecte. Finalement, après une discussion assez orageuse, la proposition des conseillers communaux catholiques et socialistes fut encore rejetée, mais cette fois par 18 voix contre 16 seulement. La proposition de mettre à nouveau une somme de 10.000 francs à la disposition du bourgmestre fut approuvée par 20 voix contre 14.

Dans les faubourgs, dont les conseillers communaux catholiques avaient au cours d'une réunion générale décidé de se rallier au système gantois d'encouragement à la prévoyance en vue du chômage, l'abstention de la capitale rendit à nouveau impossible pour cette année l'organisation d'une caisse et d'un mouvement intercommunaux. Seuls quelques nouveaux faubourgs, notamment Koekelberg et Boisfort, décidèrent de distribuer des secours aux sans-travail prévoyants.

Mais dans les autres grandes villes de Belgique, la propagande, organisée généralement par les comités locaux composés de délégués des syndicats des divers partis politiques, continuait activement.

Bruges arriva d'abord et avec elle la question des Fonds de chômage fut résolue pour la première fois dans une grande ville à administration communale catholique.

Successivement, l'administration communale reçut des requêtes des syndicats neutres qui avaient formé une Fédération locale, des associations professionnelles catholiques groupées dans la Gilde des métiers, des sociétés libérales ouvrières réunies autour de la Van Gheluwe Genootschap. Toutes avaient à cette occasion créé des caisses mutuelles contre le chômage, et demandaient les mêmes encouragements qui avaient été alloués à Gand. Même une Conférence des sociétés charitables de Saint-Vincent de Paul avait émis un vœu dans le même sens.

Ces requêtes furent accueillies favorablement et, dans la séance du 20 décembre 1902, le Conseil communal de Bruges vota un crédit en faveur de la prévoyance en vue du chômage. Le règlement adopté prévoit le double mode d'intervention existant à Gand, l'encouragement en faveur de l'assurance mutuelle et de l'épargne individuelle contre le chômage. La répartition des majorations se fera par les sociétés affiliées et le collège échevinal, nommé administrateur du Fonds de chômage, ristournera à la fin de chaque mois le pourcentage de majoration alloué à chaque syndicat. Le système a commencé à fonctionner : pendant le premier mois il n'y eut que la Ligue typographique, qui reçut une subvention.

Peu de jours après, l'administration communale de Louvain votait aussi un subside de 1000 francs pour l'assurance contre le chômage, mais nous ne croyons pas que les mesures d'organisation aient déjà été arrêtées.

La ville de Liège, où jusqu'ici les Unions professionnelles n'ont pas pris une grande extension en ce qui concerne l'assurance contre le chômage, a également décidé qu'un subside de 1.000 francs serait réparti sur les mêmes bases que celles admises pour le subside provincial. Liège est pour le moment la seule ville de Belgique où deux subventions en faveur de l'assurance contre le chômage se superposent au profit des Unions professionnelles ayant organisé l'assurance entre le chômage.

A Malines enfin, le Conseil communal, en majorité catholique, a voté le 23 avril 1903, après une longue discussion, la création d'un fonds communal de secours en faveur des victimes du chômage involontaire et lui a alloué un premier crédit de 500 francs pour lui permettre de commencer immédiatement ses opérations. Le règlement d'ordre intérieur, arrêté le 27 août 1903, ainsi que les statuts, reproduisent textuellement les dispositions en vigueur à Gand, en ce qui concerne l'encouragement à l'assurance. Aucune mesure n'est prise jusqu'ici pour l'encouragement de l'épargne en vue du chômage.

Comme à Gand, le Fonds est administré par un Comité de dix membres nommés par le Conseil communal, parmi lesquels doivent figurer cinq membres des syndicats qui ont décidé de prendre part au Fonds. Les indemnités à accorder à un même membre ne peuvent être allouées pour une durée de plus de cinquante jours par an et ne peuvent dépasser un franc par jour ; les associations ne reçoivent les subventions que pour autant qu'elles en font la demande et se soumettent au contrôle du Comité.

Mais à la différence de Gand, où le montant de la majoration peut être réduit ou supprimé, suivant les circonstances, à Malines les indemnités sont fixées à 50 p. 100 des indemnités syndicales au minimum et à 100 p. 100 au maximum.

Les Unions professionnelles ont encore mis la question à l'ordre du jour devant diverses autres administrations communales. Ainsi à

Verviers, à Courtrai et dans d'autres villes, toutes les Unions professionnelles ont envoyé une requête au Conseil communal, demandant de suivre la voie qui avait été prise dans tant d'autres communes. Mais là, la question n'a pas encore fait l'objet de rapports au Conseil communal.

En résumé, et comme on vient de le voir, depuis que le Fonds de chômage gantois a commencé à fonctionner, c'est-à-dire depuis le 1er août 1901, il y a vingt communes belges qui ont voté des subventions à l'assurance contre le chômage.

La question de l'assurance a été également portée à l'ordre du jour de divers conseils provinciaux, mais avec des succès moins rapides.

C'est dans la province de Liège que le système des subventions a été inauguré et il continue à s'y développer lentement, mais sûrement.

Dans la Flandre orientale, une requête d'Unions professionnelles avait été envoyée au conseil provincial dans ce but avant même que le fonds communal gantois ne commençât à fonctionner. Cette requête, en tous cas prématurée, n'a pas eu de succès et jusqu'ici la demande n'a plus été renouvelée. Maintenant que plusieurs communes payent des subventions de ce genre et que la question est à l'étude dans diverses autres, la proposition aurait probablement plus de chances de succès.

Dans la province d'Anvers, une requête analogue a été envoyée par les Fédérations des Unions professionnelles d'Anvers et de Malines : la proposition a été renvoyée à l'examen d'une commission spéciale.

Le rapport, œuvre de MM. A. Brandt et A. Nobels, a été déposé le 10 juillet 1903 et les conclusions en ont été adoptées par le conseil dans sa dernière session.

Un crédit de 1.500 francs est mis à la disposition de la députation permanente pour accorder, directement aux Unions professionnelles, des subventions pour l'organisation de caisses de chômage.

Les subventions varieront suivant l'organisation du fonds, la viabilité de l'assurance et l'importance de l'œuvre.

En aucun cas le crédit provincial ne servira aux mêmes fins que les sommes allouées par les communes pour la fondation de Fonds locaux encourageant la prévoyance mutuelle en vue du chômage. Ceux-ci sont actuellement au nombre de cinq dans la province.

Au cours de la dernière session, une demande d'encouragements au développement de l'assurance contre le chômage a également été déposée devant le Conseil provincial du Hainaut. Elle est actuellement examinée par une commission.

La question a aussi fait à diverses reprises l'objet de discussions devant le Parlement sans que la matière ait jusqu'ici été examinée à fond.

Le chef du cabinet belge, M. de Smet de Naeyer, au cours d'une interpellation qui eut lieu le 15 octobre 1901, sur la crise industrielle qui sévissait à ce moment, a déclaré combien le gouvernement suivait avec intérêt les tentatives faites à Gand et ailleurs pour décider les ouvriers à se prémunir spontanément contre les conséquences du chômage industriel, et combien il serait heureux de voir les autres communes s'engager dans la même voie.

Depuis lors, une vingtaine de villes ont suivi l'exemple de Gand, mais l'intervention du gouvernement ne s'est pas fait sentir jusqu'ici et sa sympathie est restée assez platonique. Aussi longtemps qu'il n'existait pas en Belgique un réseau assez étroit de communes organisant l'encouragement de l'assurance contre le chômage, il lui eût d'ailleurs été difficile de justifier son intervention dans une matière qui ne présentait pas encore un caractère d'utilité générale assez prononcé. Mais il n'en est plus de même aujourd'hui, que neuf, sur dix, des communes de plus de 50.000 habitants, et que la majorité des communes de plus de 25.000 sont entrées dans cette voie.

Les congrès nationaux des Fédérations professionnelles ouvrières, qui jusqu'ici s'étaient contentés de demander la création de Fonds communaux contre le chômage, se tournent maintenant vers l'Etat. Au dernier Congrès de la Ligue typographique belge (1er juin 1903), on a adopté à l'unanimité le vœu de voir la Chambre législative inscrire au budget du ministère du travail un paragraphe en faveur du chômage involontaire.

A la veille de la clôture de la session parlementaire de 1902-1903, au cours de l'examen très écourté du budget de l'industrie et du travail, un amendement a été présenté, le 31 juillet 1903, par M. Anseele. Il proposait d'allouer des subventions officielles pour encourager les villes qui organisent ou subsidient l'assurance contre le chômage.

En réponse, M. Francotte, ministre de l'industrie et du travail, a déclaré à nouveau que les caisses de secours pour le cas de chômage sont d'excellentes institutions, et qu'il approuvait les administrations communales qui interviennent en leur faveur. Mais le caractère informe de la demande de crédit en rendait actuellement l'adoption impossible pour le gouvernement. Il se réservait d'intervenir éventuellement plus tard, mais pas de la façon inacceptable dont la proposition était formulée (1).

En présence de cette déclaration, l'amendement n'a pas été adopté.

Les arguments en faveur de cette intervention gouvernementale prennent une importance beaucoup plus forte depuis qu'il existe en Belgique vingt-deux Fonds de chômage provinciaux et communaux et que les communes ont pris l'initiative en grand nombre. Pour ce qui concerne l'assurance contre la vieillesse, c'était de l'Etat lui-même qu'était partietoute l'initiative : les encouragements aux pensions de vieillesse sont octroyés directement aux sociétés

_____

(1) *Annales parlementaires*, Chambre des représentants, séance du 31 juillet 1903, p. 2278.

reconnues de secours mutuels sans qu'aucune intervention ne soit réclamée des diverses administrations communales.

Lorsque le gouvernement sera décidé à encourager efficacement les communes à organiser la propagande en vue de la prévoyance contre le chômage, on verra s'étendre considérablement le mouvement, car si, en Belgique, l'assurance contre le chômage couvre déjà superficiellement presque tout le terrain qu'elle est destinée à occuper, elle a encore beaucoup à gagner comme intensité.

Pour rendre le mouvement vraiment puissant, c'est vers l'unité maintenant qu'il faut diriger l'effort. Le développement de l'assurance contre le chômage doit devenir une œuvre nationale, aussi intéressante, et aussi nécessaire que celle des caisses de retraites, auxquelles le gouvernement belge consacre déjà actuellement des millions. Pour ces dernières, on peut même se demander si la forme de l'*assurance mutuelle* est bien indispensable en vue d'un risque que tous subissent à un même moment, d'une même manière et fatalement, et pourquoi il faut dans une œuvre nationale accumuler des réserves spéciales en vue d'un événement qui se produit fatalement avec une intensité prévue.

Dans la lutte contre le chômage, au contraire, l'assurance mutuelle, telle qu'elle est organisée dans les syndicats par exemple, est nécessaire pour faire le départ du chômage volontaire et involontaire : le versement d'une cotisation, la soumission à une charge qu'on désire alléger autant que possible sont des éléments indispensables au maintien d'un contrôle qui doit toujours être sévère.

Les syndicats professionnels sont les pionniers de cette œuvre et les communes qui leur ont reconnu cette mission d'utilité publique, qui les ont détournés un peu de l'étude et de la recherche exclusive des conflits industriels pour leur confier cette mission sociale, ont fait peut-être beaucoup pour la paix sociale.

Actuellement, avec le double système de subventions allouées aux mutualités de retraite, le gouvernement à lui seul double à peu près pour celles-ci l'importance de l'effort individuel. Qu'il fasse la moitié de cet effort en faveur de l'assurance contre le chômage, en laissant aux communes le soin de créer les fonds communaux et aux provinces le soin de grouper les communes en fonds intercommunaux suivant les affinités naturelles et industrielles, et on aura bientôt en Belgique un réseau des plus intéressants d'assurances contre le chômage, avec un caractère national bien spécial.

Déjà Gand, sans encouragements du gouvernement ou de la province et par le seul fait d'une décision libre de quatre communes limitrophes, possède son fonds intercommunal. Anvers l'a bientôt imité. Bruxelles ne tardera plus guère sans doute, puis viendra Liège et ses alentours si industriels. Avec l'appui de la province du Hainaut, si ouverte aux initiatives sociales, des agglomérations de ce genre se créeront facilement dans cette grande banlieue qu'est le Borinage, qu'est le Centre, qu'est le bassin de Charleroi. D'autres fonds se constitueront dans les agglomérations de gros villages industriels limitrophes, si nombreuses en Flandre occidentale. La majorité du pays, presque toute l'industrie serait prise dans ce réseau.

Sans doute, tel qu'il est organisé maintenant, ce mouvement ne s'étendra pas à toute la classe ouvrière et quelque brillant que l'on puisse rêver l'avenir des syndicats, ils ne grouperont probablement qu'avec peine la majorité des travailleurs.

Mais ici pourrait prendre place le système qui a fait l'objet de la requête des bourgmestres de l'agglomération bruxelloise aux Chambres législatives. Pour englober les ouvriers non syndiqués, on pourrait songer à grouper par commune dans des mutualités spéciales les ouvriers qui refusent ou négligent de faire partie d'un syndicat organisant l'assurance contre le chômage. Des subventions communales pourraient intervenir pour faciliter le service de ces institutions que les partisans de l'obligation peuvent imaginer obligatoires et soumises à une organisation analogue aux *Ortskrankenkassen* allemandes, si pratique et si simple.

Rien ne s'opposerait même à ce que dans ces mutualités obligatoires ou facultatives on groupe les ouvriers agricoles, les ouvriers des campagnes pour lesquelles l'organisation syndicale est si difficile : on pourrait former de grandes mutualités par cantons avec sections communales.

Chacun aurait ainsi son rôle bien défini. L'Etat (si l'on préfère, les patrons : mais les ressources de l'Etat ne sont-elles pas nécessairement et toujours un prélèvement sur l'industrie dans son sens large ?) payerait sa part du coût de l'assurance sous forme d'une majoration uniforme des indemnités conquises par les assurés avec leurs ressources propres, et couvrirait ainsi légitimement la portion considérable de causes sociales et générales que représente le chômage de l'individu. Les provinces organiseraient et feraient fonctionner les caisses régionales et intercommunales par agglomérations, tandis que les communes interviendraient pour adapter les indemnités aux besoins locaux si divers, pour organiser, subsidier peut-être les mutualités générales en faveur de l'assurance contre le chômage. Elles donneraient leur appui financier lors des crises locales extraordinaires, auxquelles les finances des associations libres ne pourraient suffire.

, Le tout devrait naturellement être parcouru et vivifié par un puissant souffle de liberté et d'individualisme : dans chacune des caisses, les membres et les organisateurs pourraient continuer à faire, en dehors de l'assurance contre le chômage, tout ce qu'ils jugeraient bon et utile : même contre le chômage, ils pourraient organiser leur œuvre comme ils le croient nécessaire sans subir un contrôle trop écrasant.

Un vaste plan de ce genre ne se réalise pas en quelques années, mais il paraît répondre aux nécessités du caractère national et être empreint de cet esprit communal si vivace en Belgique. La création du vaste réseau des assurances sociales allemandes n'a-t-elle pas réalisé des changements sociaux plus importants encore !

Déjà des interventions en ce sens se dessinent. Des projets ont été lancés et examinés dans des congrès professionnels, à la commission officielle pour la Réforme de la bienfaisance publique ; l'Office du travail, du moins certains de ses fonctionnaires, ont manifesté à ce sujet des idées originales et larges.

Au Parlement belge, M. H. Denis, le député sociologue, appuyé par une demi-douzaine de ses collègues, a formulé un projet de loi dans lequel la lutte entière contre le chômage est entamée et où est notamment inscrit le principe d'une intervention financière de l'Etat par des subsides aux institutions facultatives d'assurance contre le chômage : on propose de donner plus d'un million de francs de subventions.

L'an passé, le rapporteur du budget de l'industrie et du travail, M. Carton de Wiart, déclarait que la Commission centrale espérait que l'intérêt de la question amènerait à bref délai le gouvernement à faciliter les conditions de l'assurance contre le chômage involontaire.

En 1903, l'importance qu'avait prise la discussion de la proposition de loi sur la réparation des accidents du travail a empêché d'examiner à loisir le budget de l'industrie et du travail, mais, comme nous l'avons dit, la question n'est pas abandonnée ; elle viendra probablement sous peu, réellement et complètement, en discussion devant les Chambres.

§ 2. — L'assurance contre le chômage dans les Pays-Bas.

Le mouvement qui existe actuellement en Hollande en faveur de l'assurance contre le chômage se rattache très étroitement à celui qui existe en Belgique. Il y a cette différence toutefois, que le mouvement, préparé en Belgique depuis plusieurs années, peut s'appuyer déjà sur des centaines d'associations professionnelles qui organisent l'assurance contre le chômage, tandis qu'en Hollande le nombre des associations qui donnent ce secours est très restreint. Mais comme la propagande se fait actuellement avec intensité, tant dans les milieux officiels que parmi les associations ou-vrières, il est possible que cette situation se modifie rapidement et que bientôt les Hollandais, avec leur patience et leur acharnement au travail, dépassent les efforts faits dans tous les autres pays. Déjà des initiatives puissantes se dessinent, qui pourraient transformer sous peu le mouvement syndical dans les Pays-Bas. Les fédérations locales de directeurs de syndicats (socialistes), les « *Bestuurdersbonden* », dirigent cette évolution à laquelle l'échec de la grève générale de 1903 et la déroute des éléments anarchistes ne sont peut-être pas étrangers. A Amsterdam, Rotterdam, Dordrecht et dans diverses villes, ces directeurs ont commencé dans leurs associations, une propagande active en faveur de l'assurance contre le chômage.

Les associations catholiques, protestantes et chrétiennes se sont lancées à leur suite dans la même voie. A Rotterdam, pendant le mois d'octobre 1903, une fédération d'associations ouvrières antisocialistes a décidé la création d'une association pour l'assurance contre les conséquences financières du chômage industriel.

La plus puissante association syndicale des Pays-Bas, la Ligue générale des diamantaires néerlandais, la fameuse A. N. D. B., qui compte près de 8.000 membres, a aussi mis la question à l'ordre du jour et son journal hebdomadaire a consacré en octobre 1903 deux articles de fonds à la matière.

Partout on commence à se mettre à l'ouvrage et la situation a bien changé.

Lors de la première poussée de l'assurance officielle contre le chômage, après les intéressantes créations de caisses locales officielles en Suisse, les Hollandais ne manquèrent pas d'examiner la question alors discutée dans tous les pays d'Europe.

C'est ainsi qu'en 1894, à la suite d'une enquête sur l'étendue du chômage, sur ses causes et les moyens d'y remédier, la puissante Société pour l'Intérêt général (1), tant au cours d'une enquête faite dans toutes les villes de Hollande que dans un rapport paru quelque temps après, déclarait qu'il n'y avait pas lieu

(1) *Maatschappij tot Nut van't Algemeen*, Rapport Werkeloosheid, 1894. *De Werkeloosheid als maatschappelijk verschijnsel*, door M. Ph. Falkenburg.

de s'occuper de l'assurance contre le chômage. Elle était trop difficile à organiser, et on ne pouvait songer à l'encourager aussi longtemps que les assurances primaires contre les maladies et les accidents étaient aussi incomplètement pratiquées et que l'organisation des Unions professionnelles était aussi défectueuse. Allant plus loin même, le rapporteur doutait fortement de la réalisation technique possible de cette forme d'assurance.

En 1898, la commission d'enquête nommée par le Conseil communal d'Amsterdam pour étudier le chômage dans les industries saisonnières (1), émettait une opinion plus radicale encore. Elle déclarait, en ce qui concernait l'assurance contre le chômage, être convaincue que la création d'une caisse d'assurance générale où le travailleur pouvait s'assurer librement, était, d'après les résultats des expériences tentées à l'étranger, d'une réalisation impossible.

Dans une discussion qui eut lieu sur le même

(1) *De Toestand der Werklieden in de Bouwbedrijven te Amsterdam. Rapport uitgebracht door de Commissie van Onderzoek benoemd door den Gemeenteraad,* den 30 juni 1897. Amsterdam, 1898.

sujet à l'Association pour l'Economie politique et la Statistique, l'accueil fait à l'assurance contre le chômage n'était guère plus favorable. Trois des rapporteurs sur quatre s'étaient prononcés nettement contre tout système d'assurance contre le chômage, et rejetaient celle-ci, sinon complètement dans la région de l'utopie, du moins hors du domaine des réalisations pratiques et immédiates.

Cependant, dans la réalité, on n'abandonnait pas l'examen de la question et des tentatives intéressantes étaient organisées de divers côtés. Notamment des projets, qui n'aboutirent pas il est vrai, furent formulés par l'Oranjebond pour la province d'Utrecht, par l'Association en faveur de la classe ouvrière. Ces tentatives malheureuses ne pouvaient que confirmer les économistes dans leur opposition.

A Leyde, se créa le 15 avril 1901, avec plus de succès, la société leydoise pour la lutte contre le chômage au moyen de l'offre de travail et contre ses conséquences, par l'organisation de l'assurance à des conditions et à des tarifs à fixer par l'association. Cette société philanthropique était parvenue à grouper, au début de 1903, 51 ouvriers du bâtiment pour lesquels elle organisait l'assurance contre le chômage. 21 de ceux-ci avaient chômé pendant l'hiver et reçu des secours, variant de 2 à 5 florins par semaine et provenant des cotisations des intéressés et des membres protecteurs.

Dans les syndicats ouvriers, l'assurance contre le chômage ne faisait pas plus de progrès, et dans un rapport récent on ne citait guère comme ayant organisé cette assurance que les typographes appartenant à la période primaire de l'organisation de l'assurance contre le chômage.

Tout cela présentait peu d'importance. Mais, coup sur coup, dans des milieux différents, parurent deux articles émanant tous deux d'habitants de Rotterdam, qui attirèrent fortement l'attention sur les résultats des efforts à ce moment tentés en Belgique. Au sein de la Société pour les Intérêts communaux et populaires (1), M. C. Van Dorp fit une étude fort intéressante des divers systèmes imaginés et réalisés pour combattre les conséquences du chômage, dans laquelle il concluait que de tous les

(1) *Gemeente-en Volksbelangen*, 6ᵉ *Jaarg.*, nᵒ 5, mei 1902, *Orgaan der Vereeniging voor Gemeente-en Volksbelangen.*

systèmes d'assurance, seul le système gantois, avait des chances de réussite en Hollande. Il réservait toutefois l'examen du point de savoir si ce procédé avait de l'avenir en dehors de son milieu, et réclamait la réalisation préala·ble de trois conditions :

1° Une action syndicale énergique, tant en faveur de l'introduction du système que de la pratique de l'assurance mutuelle ;

2° L'organisation d'une bonne Bourse du travail ;

3° La connaissance assez exacte de l'étendue du chômage.

Pour satisfaire tout au moins au premier de ces desiderata, M. H. Spiekman, président du Comité des directeurs d'associations ouvrières socialistes de Rotterdam écrivit, pour les *Questions du temps* (1), un article détaillé sur l'organisation du système gantois, où il déclarait en conclusion qu'il pouvait « garantir que l'exemple gantois agirait favorablement, et énergiquement en Hollande aussi, tant sur les

____

(1) *Vragen des Tijds*, XXVIII, livraison 10-11, juillet-août 1902 ; H. Spiekman, *De Verzekering tegen de Werkloosheid in Gent.*

administrations communales que sur les syndicats ».

Quelques jours auparavant, le Comité des directeurs d'Amsterdam, d'accord avec la Ligue démocratique romaine catholique, avait présenté une requête au Conseil communal de cette ville, demandant l'organisation d'un Fonds d'assurance contre le chômage.

La proposition, qui fit l'objet de longues discussions, aboutit au renvoi du projet à la commission d'enquête. C'était celle dont il a été question plus haut, ayant toujours pour président M. Serrurier et pour secrétaire M. Falkenburg. Elle avait, en 1898, émis un avis défavorable sur l'avenir de l'assurance contre le chômage.

Pendant que la commission d'enquête officielle délibérait, les associations ouvrières d'Amsterdam ne restaient pas inactives et le Comité du chômage, auquel s'étaient successivement ralliées 73 associations ouvrières, avait réalisé une vaste enquête sur l'importance du chômage à Amsterdam. Un rapport avait été rédigé par MM. Pothuis et Ceton sur les remèdes à apporter au chômage industriel(1) et après

(1) *Rapport van het Werkeloosheid Comite te Amster-*

examen des résultats de l'assurance contre le chômage, les rapporteurs concluaient que « de tous les moyens de combattre les suites du chômage, l'assurance mérite la préférence, pourvu qu'on la conçoive comme introduite par les syndicats et subsidiée par les administrations communales ».

« Les Fonds de secours de route mettent l'ouvrier en état de trouver et d'occuper rapidement les emplois vacants et l'Etat peut les aider efficacement en réduisant les prix de transport pour les sans-travail. »

« Les secours aux sans-travail ne peuvent jamais revêtir le caractère de bienfaisance publique, mais sont un devoir rigoureux de l'Etat et des communes envers les citoyens chômant involontairement. »

L'enquête avait démontré que l'assurance contre le chômage n'était guère pratiquée encore dans es grands syndicats d'Amsterdam. 46 associations ouvrières, représentant l'élite de la classe ouvrière organisée avaient répondu au questionnaire. Neuf seulement, dont quatre de

dam, *aan de Arbeiders van Amsterdam en Nederland*, Rapporteurs S. J. Pothuis et J. C. Ceton, *Uitgave van het Werkeloosheid-Comité*, mars 1903.

l'industrie du livre, quatre de cigariers et une de magasiniers ont déclaré posséder des caisses plus ou moins sérieuses d'assurance contre le chômage.

Ce rapport, émanant de l'initiative de la classe ouvrière, et répandu à des milliers d'exemplaires, a déjà eu pour effet d'attirer fortement l'attention des syndicats sur cette forme d'assurance, encore fort négligée dans les Pays-Bas.

Quant à l'appui des administrations communales, il paraît pouvoir être acquis bientôt, car la question est mise officiellement à l'examen de divers côtés de la Hollande.

Le rapport de la commission officielle d'enquête d'Amsterdam, qui avait paru quelques semaines avant le rapport ouvrier (1) et qui était l'œuvre de M. W. G. Sannes, du *Centraal Bureau voor Sociale Adviezen*, le petit Musée social hollandais, avait été approuvé par la commission le 9 février 1903.

Après un exposé fort détaillé des systèmes

______

(1) *Verzekering tegen de geldelijke gevolgen van Werkeloosheild, Rapport uitgebracht door de Commissie van Onderzoek, benoemd door den gemeenteraad in zijne vergadering van 20 juni 1900,* 1903, Müller, Amsterdam.

en vigueur à Berne, Cologne, Bâle, Dijon, Liège et Gand, le rapport déclare que « le système gantois présente des avantages qui font complètement défaut aux autres réalisations, mais que, pour ce qui concerne Amsterdam, on ne doit pas espérer qu'il produise dès l'abord tous les résultats qu'on en peut attendre ». La vie syndicale est, en effet, trop faible en cette ville, et, parmi les Unions professionnelles, rares sont celles qui se sont appliquées à l'organisation de l'assurance contre le chômage. D'un autre côté, le système gantois de l'épargne en vue du chômage n'a pas produit grand fruit à Gand et on ne peut donc le préconiser avec conviction. Ces difficultés ne doivent cependant pas faire reculer devant une expérience. Pour Amsterdam, on pourrait créer des associations, comprenant les syndiqués et les non syndiqués, et ayant exclusivement pour but l'organisation de l'assurance contre le chômage. Des subsides communaux, variables suivant l'importance du risque-chômage, pourraient être alloués à ces associations de manière à couvrir au maximum la moitié des frais.

Si ces idées étaient approuvées par le Conseil communal d'Amsterdam, le Comité d'enquête se déclarait prêt à examiner avec les intéressés les moyens propres à amener ces idées dans le domaine de la pratique. Aucune décision n'a été prise jusqu'ici par le Conseil communal.

Pour presser la solution, la Fédération des directeurs de syndicats d'Amsterdam a fait parvenir au commencement du mois d'octobre 1903 une nouvelle requête au Conseil communal demandant que le système gantois soit introduit à Amsterdam, et qu'en attendant sa mise en pratique des subventions officielles soient allouées aux associations qui possèdent déjà des caisses de chômage.

Un plan d'organisation assez analogue a été formulé à La Haye. Un Comité a été constitué pour promouvoir l'assurance contre le chômage, et M. G. van Slooten a été chargé de préparer le rapport. La commission de propagande, à la fin de l'année passée, a pris comme point de départ le système appliqué à Gand, en insistant surtout sur l'épargne individuelle en vue du chômage, les organisations ouvrières n'ayant pas acquis à La Haye une puissance et une organisation suffisantes pour leur confier la direction du mouvement.

Au moins au début, on ne pouvait guère

compter sur l'appui de la municipalité,et l'organisation devait être lancée par des hommes d'initiative. Malheureusement, le développement des idées anarchistes au cours de la grève générale avait affaibli pour un temps les sympathies de la bourgeoisie pour la classe ouvrière et quelques retards ont dû être apportés de ce chef à la propagande. Mais elle n'est pas abandonnée, et on annonce que dans le courant de l'hiver 1903-1904 se tiendront les réunions préparatoires nécessaires pour attirer l'attention de la classe ouvrière sur le projet.

A Dordrecht, les choses sont plus avancées. A l'initiative de la Société « pour le Métier et l'Art » et de la Chambre du travail pour l'industrie du bâtiment, un Comité s'est constitué, groupant deux chambres de travail, neuf associations patronales et dix-huit associations ouvrières. Après diverses réunions préparatoires, au cours desquelles il avait été décidé de réunir de source privée les fonds nécessaires à la propagande, et d'insister auprès de l'administration communale pour en obtenir des subventions en faveur de l'encouragement de la prévoyance contre le chômage, ce Comité a voté, le 4 mars, après une conférence de l'auteur de ce travail,

un ordre du jour déclarant « qu'un fonds d'assu-
« rance local contre les conséquences financiè-
« res du chômage est une chose indispensable
« pour Dordrecht. L'assemblée compte que
« les associations ouvrières et patronales, les
« corporations, les particuliers et les adminis-
« trations communales travailleront efficace-
« ment à la réalisation de cette idée suivant le
« système gantois ».

Ici aussi, la grande difficulté consistait dans
l'insuffisante préparation des organisations ouvrières à l'assurance contre le chômage.

Mais les adhésions d'associations ouvrières
de plus en plus nombreuses, la sympathie des
patrons, l'activité du président M. Roll, la facilité avec laquelle on a réuni les fonds nécessaires à la propagande, permettent d'espérer
que Dordrecht possédera sous peu le premier
Fonds local hollandais d'encouragement à l'assurance contre le chômage.

Déjà le Comité possède ses statuts et distribue
des tracts de propagande fort bien faits.

Dans diverses autres villes hollandaises, notamment à Hilversum, à Groninge, la question
est également à l'étude.

§ 3. — L'assurance contre le chômage en Allemagne.

En franchissant le Rhin, on constate immédiatement qu'on entre dans un monde nouveau pour ce qui concerne toute la matière des assurances. Tandis que dans presque tous les autres pays, l'assurance est un acte spontané des individus, chez lesquels se manifeste un effort personnel de prévoyance, les ouvriers allemands sont officiellement assurés contre la conséquence de la maladie, des accidents, de l'invalidité et de la vieillesse ; et il ne se passe pas d'année pour ainsi dire sans que, par l'effet d'une « Novelle », le domaine de l'une ou de l'autre assurance ne soit élargi, étendu à quelques milliers d'hommes en plus, ou tout au moins rendu plus compréhensif.

Ces assurances se développent de plus en plus, sans que de l'autre côté du Rhin personne songe même à se plaindre : patrons et ouvriers sont également fiers de leurs assurances obligatoires. Les industriels sont heureux d'être délivrés du risque pécuniaire d'insolvabilité qu'amène la responsabilité civile du patron et de la honte morale qu'il y a à congédier l'ouvrier qui a vieilli et est devenu malade ou invalide à son service, ou à s'en désintéresser; tandis que l'ouvrier est heureux de se voir libéré de l'insécurité de l'existence, le vrai fléau de la vie du travailleur.

Cet état de satisfaction, cet adoucissement de la lutte des classes est un phénomène qui frappe tous ceux qui ont visité ce pays, même ceux qui sont partis avec la conviction que le régime de l'obligation à la prussienne devait être une charge et un ennui. Au Congrès des Accidents du Travail et des Assurances sociales de Dusseldorf, chacun, même les partisans de la liberté de l'assurance, reconnaissait que le système des assurances sociales était approprié aux nécessités et aux besoins du pays germanique. D'ailleurs, au Parlement allemand, les assurances n'ont pas, croyons-nous, un seul opposant et les propositions d'extension ne rencontrent jamais d'adversaires systématiques.

Dans la littérature sociale de l'Allemagne, la nécessité de traiter la matière des assurances sociales comme une matière de droit public, matière d'Etat, est considérée comme un axiome.

Toute la législation ouvrière allemande est dominée par les façades gigantesques de ce qu'on se plaît à appeler les trois grandioses palais des assurances sociales. Les fondements de ces établissements paraissent si solidement assis, les lignes essentielles de la construction si bien arrêtées, l'achèvement des diverses parties si complet, que les constructeurs sociaux, oisifs depuis une décade, mais toujours également convaincus, font tous des plans pour un quatrième et énorme palais dont chacun sent la nécessité. Mais quel sera ce quatrième palais ? La réponse est douteuse encore.

Les partis conservateurs, et avec eux le Centre et les nationaux libéraux, désireux de maintenir avant tout le lien de la famille, n'hésitent pas à réclamer l'assurance des veuves et orphelins, assurance plus coûteuse qu'aucune de celles déjà réalisées ; mais devant les frais ils ne reculent pas. Les actuaires les appuient dans ce mouvement, car cette assurance, qui repose sur une des bases les plus indiscutables de la science démographique, ne peut guère donner lieu à déboires statistiques : lorsqu'on l'aura décrétée, il sera facile d'en calculer les frais à quelques millions près.

Les partis avancés, libéral-démocratiques et social-démocratiques, se sont, au contraire, prononcés pour l'assurance contre le chômage involontaire, moins coûteuse, mais d'une réalisation statistique beaucoup plus difficile, car les bases scientifiques sont fort rares et incertaines jusqu'ici. Dans leurs efforts, ils sont appuyés par le groupe des professeurs et des sociologues, si puissant en Allemagne, qui voudraient faire disparaître les conséquences physiques et morales terribles du chômage industriel. Comme il a souvent été dit sans contradiction, l'assurance contre le chômage est actuellement la plus populaire des assurances ouvrières et l'abondance des projets en cette matière témoigne d'un enthousiasme au moins égal à celui que le peuple manifeste pour sa loi d'assurance contre la maladie, si chère aux ouvriers.

Jusqu'ici le gouvernement semble pencher plutôt vers la première de ces formes d'assurance. En tout cas, comme les discussions de l'an passé au Reichstag l'ont montré, le pays allemand officiel ne montre aucune hostilité au développement de l'assurance contre le chômage. Bien au contraire, par un vote presque unanime, après une très longue discussion, le Parlement semble avoir montré ses préférences, lorsque, le 31 janvier 1902, il pria le chancelier de l'Empire « de réunir une commission composée de délégués des Etats fédérés, de membres du Reichstag et d'hommes compétents en cette matière. Elle aurait mission d'examiner les divers types d'assurance contre le chômage réalisés par les Unions professionnelles et par quelques entrepreneurs d'industrie et quelques communes et de lui soumettre des propositions au sujet de l'établissement de cette sorte d'assurance » (1).

Il est vrai que le Bundesrath n'a pas accepté cette proposition dans son entier (2) et s'est contenté de « charger la division de la statistique du travail de l'Office impérial de statistique, de réunir le matériel relatif aux institutions d'assurance contre le chômage existant dans les pays de l'Empire et de présenter un rapport sur ce sujet ».

Le gouvernement travaille d'ailleurs activement à réunir les statistiques nécessaires pour la préparation de l'assurance contre le chô-

---

(1) *Reichstag* 131ᵉ *Sitzung. Freitag den* 31 *Januar* 1902, p. 3815, B-C.

(2) *Bulletin de l'Office international du travail*, 1902, 11, 12, p. 656.

mage. A cet effet, l'Office statistique impérial, vient de faire paraître son nouvel organe officiel(1), le *Reichsarbeitsblatt*, analogue au *Bulletin de l'Office du travail français*, mais donnant une place infiniment plus étendue à la statistique du chômage. Celle-ci est établie jusqu'ici sur trois bases sérieuses : les statistiques de l'assurance syndicale contre le chômage, du mouvement des Bureaux de placement et du nombre des membres des caisses de malades obligatoires.

Les gouvernements locaux de l'Allemagne s'occupent aussi de cette question qui sort cependant un peu des limites de leurs attributions. C'est ainsi que la Chambre et le gouvernement hessois ont émis des vœux en faveur de l'introduction de l'assurance contre le chômage involontaire (2). Cette année, la question a aussi été soulevée au Landtag wurtembergeois, où cette assurance a été défendue par des orateurs du Centre, du *Volkspartei* et de la démocratie socialiste, mais là, le gouvernement a déclaré donner le pas à l'assurance des veu-

(1) *Reichs-Arbeitsblatt, herausgegeben vom Kaiserlichen statistischen Amt. Abteilung für Arbeiterstatistik 1°* *Jahrgang*, 1903.

(2) *Soziale Praxis*, 27 février 1902, n° 22, p. 565.

ves et orphelins, matière dont l'étude, disait-il,
est entamée (1).

De tous les milieux sont partis des vœux en
faveur de l'assurance contre le chômage ; du
congrès socialiste à Munich, des congrès des syndicats libres à Stuttgart, du congrès des caisses
de maladie à Hamburg, des divers congrès du
parti évangélique, à Dusseldorf, à la Wartburg,
à Frankenthal, de la Journée catholique à
Mannheim, de l'assemblée de l'Association
allemande pour l'assistance des indigents et
la bienfaisance à Colmar, de la conférence
nationale des Bureaux de placement à Berlin.
Bien d'autres Congrès encore ont émis des
vœux en faveur de l'intervention gouvernementale dans l'assurance contre le chômage !

Nous avons eu le plaisir d'assister à la dernière de ces conférences et les quelques Latins
qui étaient là s'étonnaient de voir se succéder
à la tribune vingt orateurs divers, appartenant
à tous les milieux sociaux, à toutes les parties
de l'Allemagne, à toutes les tendances : fonctionnaires, députés, professeurs, patrons, ouvriers, conseillers municipaux, statisticiens

____

(1) *Ibid.*. 9 avril 1903, n° 28, p. 745.

officiels, tous d'accord pour réclamer l'intervention du gouvernement en cette matière si neuve. Le seul qui essayât de jeter quelques restrictions dans cet enthousiasme général était un professeur de Leipzig, M. Stieda qui émettait des objections contre la praticabilité de l'intervention officielle au moment actuel. M. Stieda n'est d'ailleurs pas un adversaire de l'assurance contre le chômage. Bien au contraire, on trouve son nom parmi ceux des fondateurs de l'Union d'assurance contre le chômage qui vient de se créer à Leipzig.

Mais déjà là on pouvait voir combien, sous l'apparence de l'accord en faveur de l'assurance officielle contre le chômage, les idées étaient encore peu arrêtées et au milieu de combien de distinctions et de sous-distinctions s'égarait encore l'esprit analytique des Allemands.

A certains égards, les moins enthousiastes même étaient les ouvriers, présents en assez grand nombre. Quoique partisans de l'assurance officielle, ils montraient un grand scepticisme à l'égard de la capacité des fonctionnaires à distinguer exactement les mille formes que prend le chômage Cette méfiance des ouvriers, socialistes et non socialistes, leur valut d'ailleurs une verte répartie de M. le député Rœsicke, le directeur de la fameuse brasserie Schultheisz, dont la mort récente est une si grande perte pour l'Allemagne progressive. Il s'étonnait que les *Gewerkschaften* libres se fussent ralliées à la faute jadis commise par les *Gewerkvereine* de Hirsch-Duncker, en combattant les assurances de droit public sous prétexte de l'intérêt particulariste de leurs associations.

Presque toutes les opinions possibles ont été défendues à ce congrès dont le compte rendu constitue une analyse fort intéressante de l'état d'âme de l'Allemagne sociale. Tandis que les représentants des syndicats, des *Gewerkevereine*, comme des *Gewerkschaften*, notamment les ouvriers et serviteurs d'hôtel Czarnetzki, Pötsch, Diesing et Schleffler (1), défendaient la décision du Congrès de Stuttgart et demandaient que l'assurance fût organisée dans les syndicats ouvriers, si possible avec des subventions de l'Etat, les bourgeois se ralliaient presque tous à des solutions de droit public, créant l'obligation de l'assurance pour toute la classe ouvrière.

(1) *Dritte Verbandsversammlung und Arbeitsnachweis-Konferenz in Berlin*, p. 148, 173, 188, 191 et 209.

Le premier rapporteur, M. Herkner, allemand, professeur à Zurich (1), préconisait le payement des cotisations par les patrons seuls et l'organisation de l'assurance par les corporations industrielles contre les accidents (*Berufsgenossenschaften*), solution à laquelle déclaraient pouvoir se rallier MM. Rœsicke et Zacher (2), moyennant octroi à la classe ouvrière d'une participation plus large à l'administration et aux cotisations. Le second rapporteur, M. Freund (3), montrait clairement ses préférences pour le système rattachant l'assurance obligatoire contre le chômage à l'organisation des bureaux de placement paritaires. MM. Sonneman et Eyck (4) préconisaient de leur côté la création de caisses communales obligatoires d'assurance contre le chômage, tandis que M. Rings (5) montrait les avantages de l'organisation de la caisse libre de Cologne. De son côté, le lithographe Tischendörfer (6) rappelait les avantages

(1) *Loc. cit.*, p. 119.
(2) P. 164 et 198.
(3) P. 141.
(4) P. 161 et 202.
(5) P. 184.
(6) P. 180.

de son système rattachant l'assurance contre le chômage à l'organisation des caisses de maladie. Mais au milieu de ces divergences qui ont donné tant d'intérêt aux discussions, le point de vue qui paraissait l'emporter, et qui trouvait des défenseurs éloquents en Mlle Imle et en MM. Böhmer, Flesch, Eyck, Rœsicke (1), c'est que le mode d'organisation n'avait actuellement qu'une importance secondaire et que l'essentiel était de réaliser l'accord sur la nécessité d'une assurance obligatoire de droit public, accord qui paraissait bien près de se faire. « Lorsqu'on reconnaît qu'une œuvre est nécessaire et grande, le génie allemand a toujours trouvé les voies et moyens pour réaliser ce but », proclamait le directeur général des assurances officielles allemandes, M. Zacher.

Dans un tract fort complet et fort analytique (2), M. R. Freund, le sympathique président de l'établissement d'assurance de la région de Berlin et de la Fédération des Bureaux de placement allemand, indique les principales

____

(1) *Loc. cit.*, p. 194, 158, 169, 164, 202.
(2) *Materialien zur Frage der Arbeitslosenversicherung, zusammengestellt von Dr. jur. Richard Freund*, Berlin, Carl Heyman Verlag, 1903.

tendances d'organisation de l'assurance contre le chômage en Allemagne et en donne la classification.

L'assurance contre le chômage peut, d'après lui, être organisée des neuf manières suivantes, qui ont toutes trouvé des défenseurs autorisés et groupent un parti ou une école :

I. Par et au moyen des Unions professionnelles ouvrières ;

II. Par et au moyen de caisses communales ;

III. Par et au moyen des corporations industrielles (patronales) de l'assurance impériale contre les accidents ;

IV. Par et au moyen des caisses de malades de l'assurance impériale contre la maladie ;

V. Par et au moyen des caisses d'invalidité de l'assurance impériale contre la vieillesse et l'invalidité ;

VI. Par et au moyen des bureaux de placement paritaires ;

VII. Par et au moyen des coopératives ;

VIII. Par et au moyen de l'épargne obligatoire ;

IX. Par des systèmes mixtes.

Nous suivrons cette classification et indique-

rons les thèses les plus caractéristiques défendues à ce sujet.

I. *L'assurance contre le chômage par les Unions professionnelles.* — C'est encore là le système qui réunit jusqu'ici le plus de sympathies et le seul qui puisse se flatter d'avoir pour lui les résultats d'expériences nombreuses. Dans presque tous les congrès, même là où il n'est pas adopté, il rencontre des défenseurs convaincus. Son principal protagoniste en Allemagne est M. le député von Elm, député socialiste d'Ottensen, qui l'a fait adopter par le congrès des syndicats (*Gewerkschaften*) allemands, l'a défendu avec talent et vigueur au Congrès socialiste de Munich; au Congrès des caisses de malades de Hambourg, qui l'a expliqué et détaillé au Reichstag et l'a exposé dans la revue de Bernstein *Socialistische Monatshefte* (1). Il ne l'a malheureusement pas fait à la Conférence des Bourses du travail. Au Reichstag, la même manière de voir a également été défendue par un autre député socialiste, M. Zubeil.

(1) VI (VIII) *Jahrgang.* Adolf von Elm. *Staatspflicht und Kampforganisation,* mai 1902, p. 334.

Comme mode d'organisation, c'est le système gantois des subventions aux syndicats que von Elm préconise. Pour éviter le reproche, si grave en Allemagne, d'*Einseitigkeit*, de partialité, ou mieux d'examen sous un seul aspect, il a déclaré dans son discours au Reichstag (1), lors de la reprise de la discussion de l'interpellation Aolbrecht sur la crise, qu'il admettait pour les non-syndiqués la création d'une caisse d'épargne en vue du chômage ainsi que pour les syndiqués diverses méthodes de contrôle adoptées à Gand. Il déclarait accepter la remise directe des subventions officielles aux chômeurs et non aux syndicats, même l'obligation pour ces derniers d'avancer les majorations et de n'en obtenir la ristourne qu'à la fin de chaque mois après avis et vérification d'une commission de contrôle qui examinerait mensuellement les comptes des syndicats. Mais il s'écarte du système gantois en ce qu'il veut que l'organisation émane de l'Empire ou des Etats particuliers et non pas des villes et communes. A son avis, l'état de richesse de celles-ci est trop incertain, leur orga-

(1) *Reichstag*, 194ᵉ *Sitzung*, *Mittwoch den* 15 *Oktober* 1902, S. 666, D. 5672, B.

nisation politique et leurs tendances sociales
sont trop diverses pour permettre de généraliser une institution sur des bases aussi fragiles.

En outre, l'organisation nationale des Unions
professionnelles allemands compliquerait beaucoup trop le système des subventions communales.

Le Congrès des syndicats allemands, tenu à
Stuttgart du 16 au 21 juin 1902 (1), a, sur le
rapport de von Elm, et après un débat assez
vif entre partisans des assurances contre le
chômage par les caisses de malades et par les
syndicats, voté à l'unanimité moins 8 voix sur
155 délégués un ordre du jour, se prononçant
énergiquement en faveur de l'assurance par
les syndicats (2).

(1) *Protokoll der Verhandlungen des vierten Kongresses
der Gewerkschaften Deutschlands, abgehalten zu Stuttgart
im Gewerkschaftshause vom 16-21 Juni 1902*, Hambourg,
1902.

(2) *Résolutions du IV° Congrès des associations professionnelles allemandes, tenu à Stuttgard, du 16 au 21
juin 1902*:

1° Le Congrès estime du devoir de l'Empire, des Etats
et des communes d'allouer aux ouvriers des secours pour
tout chômage qui n'est provoqué ni par des grèves, ni par
une faute personnelle grossière.

Cette assistance-chômage ne doit pas avoir le caractère

La préférence marquée des syndicats pour
cette forme d'organisation ne s'étend d'ailleurs
pas exclusivement aux syndicats à tendance so-

d'une aumône ou d'un secours de charité, ni entraîner un
amoindrissement des droits civiques du travailleur.

2° Le Congrès réclame, pour servir de base par la suite
à une assurance générale des chômeurs, le droit de réunion illimité pour tous les ouvriers des deux sexes dans
les fabriques, l'industrie à domicile, la navigation, l'agri-
culture, les établissements de l'Etat et le service bourgeois ; la reconnaissance des tarifs arrêtés d'un commun
accord entre patrons et ouvriers de l'industrie ; l'octroi de
la capacité juridique aux organisations professionnelles
sans qu'elle restreigne la liberté d'action économique ; et
l'organisation, par la voie de la législation d'Empire, du
placement fondé sur l'organisation de Bourses du travail
que les divers Etats et les communes seront tenus d'insti-
tuer et de soutenir.

3° Le Congrès repousse tout système d'assurance-
chômage fondé sur une autre base que sur le principe de
l'administration autonome par les travailleurs et de l'allocation d'une subvention du Trésor impérial aux associations professionnelles, centrales ou locales, qui donnent
des secours d'argent aux chômeurs, soit sur les lieux où
ils sont fixés, soit dans leurs déplacements.

4° Les frais de la subvention à l'assurance impériale
contre le chômage seront couverts, moitié par les fonds
d'Empire, moitié par les ressources des Corporations industrielles de l'assurance contre les accidents (Berufsgenossenschaften). Suivant les exigences des divers métiers,
l'Office impérial de l'assurance fixera les cotisations à

cialiste. La Fédération des associations ouvrières évangéliques, dans son Congrès tenu à
Dusseldorf le 21 mai 1902, se prononce pour
une solution presque identique. Cette Fédération réclame en effet l'organisation d'« une assurance autonome contre le chômage, procédant
de la libre initiative des syndicats, au sein des
sociétés ouvrières évangéliques et des associations professionnelles, pour permettre de s'é-
lever plus tard jusqu'à une assurance-chômage obligatoire, créée par une loi d'Empire et
sur le mode syndical ». Il est vrai que, vers le
même moment, les associations ov rières protestantes du Palatinat, réunies à Frankenthal, le
31 mars 1902, émettaient également un vœu
en faveur de l'assurance obligatoire contre le
chômage, mais en chargeant du soin de cette
organisation les caisses locales de maladie,

acquitter par les Corporations, qui les recouvreront, par
voie d'impositions sur les patrons.

5° Le Congrès recommande aux syndicats, comme étant
la condition première d'une telle subvention de la part
de l'Empire, l'organisation ou, selon le cas, le développement de l'assurance-chômage, afin de donner ainsi à la
subvention d'Etat la base indispensable pour l'organisation
pratique de cette assurance.

institutions obligatoires très sympathiques aux ouvriers allemands.

Les syndicats libéraux (*Gewerkvereine*) de Hirsch-Duncker (1) sont d'accord avec les syndicats socialistes et évangéliques pour demander que l'organisation de l'assurance contre le chômage soit confiée aux Unions professionnelles ouvrières.

Au Congrès socialiste allemand tenu à Munich, la journée du 18 septembre 1902 a été consacrée à la question des assurances. Les conclusions du rapporteur, le député Molkenbuhr, recommandant une assurance obligatoire contre le chômage sur une base d'organisation analogue à celle des caisses d'invalidité, ont été vigoureusement combattues par M. von Elm auquel s'était joint Bernstein. Après un long débat, le congrès socialiste a refusé de prendre position entre les deux modes d'organisation : il s'est contenté d'émettre un vœu en faveur de la création de l'assurance officielle obligatoire contre le chômage, laissant la question du mode d'organisation ouverte.

(1) R. *Rœsicke an Reichstag*, le 15 octobre 1902, Compte rendu analytique, 5662 A.

Les choses se sont passées à peu près de la même manière au Congrès que les caisses de malades ont tenu à Hambourg du 6 au 8 octobre 1902 (1).

Le rapporteur, M. Stieda, professeur à Leipzig, avait consacré son travail à démontrer les nombreuses et graves objections qui s'élèvent contre tout projet d'organisation officielle de l'assurance contre le chômage. Mais un grand nombre d'orateurs, partant les uns du point de vue général de la sécurité de la vie ouvrière, les autres du point de vue spécial de l'intérêt que les caisses de malades ont à voir empêcher, par une organisation adéquate, les sans-travail de simuler la maladie pour obtenir une indemnité(abus qui avait été, paraît-il, assez largement constaté au cours de la dernière crise), combattirent avec succès les propositions du rapporteur. M. von Elm proposa de nouveau le système des subventions aux syndicats, tandis que divers orateurs déclaraient préférer l'organisation par les caisses de malades et d'autres institutions analogues, où patrons et ouvriers se

(1) *Jahres-Versammlung des Centralverbandes von Orts-Krankenkassen im Deutschen Reiche.* 5-8 October 1902. Bär et Hermann, Leipzig.

rencontreraient dans l'administration et contribueraient ainsi énergiquement à propager la paix sociale.

Finalement, la matière fut renvoyée à une commission qui fit voter un ordre du jour favorable à l'assurance officielle contre le chômage, mais ne préconisant aucune méthode spéciale d'organisation (1).

(1) *Résolutions de la IXe assemblée annuelle de l'Association centrale des caisses-maladie locales de l'Empire allemand, tenue à Hambourg les 5-8 octobre 1902.*

Attendu que l'assurance contre le chômage est un des problèmes non encore résolus de l'heure présente, et qu'il est du plus grand intérêt pour les caisses-maladie, institutions sociales, de collaborer à sa solution, l'assemblée annuelle de ce jour déclare :

1° Qu'il faut établir des bases statistiques pour l'introduction de l'assurance contre le chômage ;

2° Qu'il est nécessaire, pour soulager les caisses-maladie, que tous les ouvriers assurés fassent partie de l'assurance contre le chômage ;

3° Qu'il est nécessaire que les secours en cas de chômage atteignent la hauteur des secours en cas de maladie et qu'ils soient accordés pendant un laps de temps égal.

Pour réunir les données statistiques, l'Empire et les institutions qui ont collaboré déjà avec succès aux enquêtes sur la situation du marché du travail, devront procéder d'après un point de vue commun. L'appui des caisses-maladie, des syndicats et autres corporations, des gouvernements confédérés et la collaboration des autorités

Des objections, très graves au point de vue allemand, sont faites au système des subventions aux syndicats. Nous pouvons les résumer comme suit :

I. Les théoriciens de l'assurance font observer que, par ce procédé, on est hors d'état de grouper l'unanimité, même la majorité des ouvriers dans un avenir prochain et que, dans ces conditions, ce mode d'organisation de l'assurance contre le chômage, limitée à fort peu d'ouvriers, ferait piètre figure à côté des trois, bientôt quatre autres assurances ouvrières obligatoires.

II. Les syndicats sont des organisations de guerre (*Kampforganisationen*), et dans l'état actuel du développement de l'Empire allemand, il n'y a aucune chance de voir, soit le gouvernement impérial, soit même les grands Etats particuliers adopter ce mode d'organisation.

III. Dans les villes prussiennes, où le pou-

impériales sont indispensables pour l'établissement des statistiques.

Les caisses-maladie sont enfin d'avis que les conditions du marché du travail ne pourront être réglées que lorsque les grands employeurs, l'Etat et les communes, ainsi que les autres patrons seront tenus de participer aux frais de l'assurance contre le chômage.

voir appartient presque exclusivement à la classe des propriétaires fonciers, ne règne pas l'esprit démocratique qui est indispensable à l'organisation du système des subventions municipales. Même en dehors de la Prusse, presque partout les communes ne sont que « l'organisation politique de la classe possédante ».

IV. En admettant même qu'une commune voulût organiser le système des subventions, elle se buterait à des difficultés pratiques presque insurmontables, par suite de l'organisation nationale et non locale des syndicats. Ainsi les 733.000 syndiqués socialistes sont groupés dans 60 syndicats nationaux, entre lesquels il serait très difficile d'organiser la répartition locale des subventions.

V. Si, par impossible, l'Etat ou les communes consentaient à accorder actuellement des subventions aux syndicats, ils soumettraient cet octroi à des conditions tellement rigoureuses que l'indépendance des syndicats disparaîtrait complètement en fait, et qu'il serait impossible de faire à ceux-ci présent plus funeste (Molkenbuhr).

Ces objections « nationales » ne manquent certainement pas de force et on comprend le progrès assez lent que fait en Allemagne le système des subventions, tant parmi les théoriciens que parmi les praticiens de l'assurance ouvrière. A un autre point de vue, plus sentimental, mais également important, on reproche au système d'être d'importation étrangère, de ne pas être conforme au génie de la nation allemande, *dem Genius der deutschen Nation*.

Mais ces critiques ne paraissent cependant pas invincibles.

Déjà une des grandes villes libérales de l'Allemagne du Sud, Munich, désireuse de marcher de l'avant, est entrée dans cette voie. Soucieuse du résultat de ses efforts, cette ville préfère réaliser immédiatement un peu de bien, plutôt que d'attendre longtemps le moment où elle pourra atteindre le mieux.

Le président du bureau de statistique de cette ville, le Dr Karl Singer, a transmis, il y a quelque mois, à la commission sociale de l'administration communale de Munich, un rapport sur l'organisation de l'assurance contre le chômage et les moyens d'arriver immédiatement à des résultats en cette matière. Après avoir longuement analysé les divers systèmes pratiquement réalisés, il propose de faire à

Munich un premier essai d'application en Allemagne du système gantois de subventions aux syndiqués et aux épargnants ayant pris des mesures de prévoyance en vue du chômage.

Outre les facilités d'organisation et la possibilité de limiter les dépenses dans des bornes raisonnables, le rapporteur voit comme principal avantage du mécanisme de la caisse gantoise, qu'il analyse consciensieusement, d'être une institution vraiment sociale et non, comme les caisses de Berne et de Cologne, une simple organisation de la bienfaisance.

La Commission sociale, qui comprend des délégués des deux corps administratifs communaux, a émis un avis favorable au sujet du projet de M. Singer.

La matière a, en conséquence, été soumise aux délibérations d'une commission extraordinaire à laquelle avaient été convoqués des représentants des associations professionnelles ouvrières et patronales, de la grande et de la petite industrie, représentant les diverses tendances sociales et politiques de Munich. Les délégués des syndicats ouvriers ont reçu la proposition avec enthousiasme, tandis que les délégués des corps de métiers (*Innungen*) déclaraient que les petits métiers ne faisaient aucune objection de principe à ce projet, pourvu qu'il fût bien établi qu'aucune charge financière nouvelle ne devait par là peser sur l'industrie locale. La Commission spéciale s'est, avec cette réserve, prononcée à l'unanimité en faveur de l'adoption d'un système analogue à celui en vigueur à Gand. (1)

On s'occupe actuellement d'élaborer un projet définitif de règlement à soumettre à l'administration communale de Munich. Les syndicats des divers partis politiques continuent à se montrer très sympathiques. Ainsi, en août 1903, le kartell des syndicats ouvriers catholiques de la ville adressait aux conseillers communaux de la fraction du Centre, qui forme un des groupes principaux du Conseil communal, une pétition les suppliant tous de voter le projet lorsqu'il viendra en discussion devant le Conseil.

A Munich, on compte surtout voir se développer l'assurance contre le chômage, et on préconise l'encouragement à l'épargne surtout pour éloigner le reproche éventuel de partialité.

(1) *Arbeitslosenversicherung in München, März* 1902, par le Dr Karl Singer.

II. *L'assurance communale contre le chômage.* — Les efforts pour acclimater cette solution en Allemagne sont à peu près tout ce qui survit du premier mouvement de 1894, pour le développement de l'assurance contre le chômage. C'est la dernière trace appréciable de l'enthousiasme qu'avait suscité un moment la création des Caisses officielles communales d'assurance suisses.

Proposant à l'Allemagne l'exemple de ces villes, M. L. Sonneman avait, au sein du parti démocratique de l'Allemagne du Sud, dès la journée d'Ulm (10 octobre 1896), exposé un plan détaillé aux termes duquel les communes de 10.000 habitants et plus étaient autorisées à introduire l'assurance obligatoire contre le chômage pour tous les ouvriers gagnant moins de 2.500 francs. Les assurés, conformément aux projets bâlois et zurichois, devaient être répartis en deux classes, ouvriers saisonniers et autres. Des subventions, dont le montant était nettement défini dans le projet, devaient être accordées par les Etats et par les communes.

Mais diverses objections avaient été présentées à ce Congrès; certains trouvaient que l'expérience suisse n'était pas encore assez décisive; d'autres estimaient que les vrais organisateurs de l'assurance contre le chômage devaient être les syndicats, si bien que la proposition fut renvoyée à une commission.

Mais à la journée de Mayence, le 23 septembre 1899, malgré le peu de succès qu'avaient rencontré entre temps les projets suisses, le projet de M. Sonneman fut accepté en principe et inscrit dans le programme du parti.

Mais il n'a pas réuni, en dehors de ce parti, de bien puissantes adhésions, et il a été combattu vivement de divers côtés. Les représentants attitrés de l'esprit allemand, rêvant l'assurance contre le chômage comme œuvre d'Empire et comme institution de droit public, lui reprochaient de ne pas être adapté à l'esprit germanique. C'était, trouvaient-ils, une de ces solutions fragmentaires, plus mauvaises encore que l'absence de toute solution, parce qu'elles encombrent les voies et constituent des avortons gênants à cause des droits acquis qu'ils invoquent. Les agrariens lui objectaient d'encourager encore l'immigration vers les villes. Les syndicalistes combattaient cette solution, parce qu'elle empêchait la libre expansion dans ce sens des activités syndicales. Enfin les patrons de la grande industrie localisée dans les villes y voyaient [une forme particui èrement onéreuse de l'assurance contre le c ô-mage.

Cependant le système de l'assurance obligatoire par les communes n'est pas abandonné. Dans les discussions du Reichstag de l'an passé, il a été signalé de divers côtés, et il a même trouvé un défenseur chaleureux en feu M. R. Rœsicke, l'un des députés libéraux les plus écoutés du Reichstag. M. Rœsicke, plus partisan encore que M. Sonneman d'une étroite coopération entre les bureaux de placement et l'assurance contre le chômage (1), demandait en attendant le vote d'une loi définitive organisant l'assurance contre le chômage comme œuvre de droit public « une loi autorisant les communes — qui ne peuvent à la vérité pas être considérées comme les organes définitifs en cette matière — à organiser l'assurance contre le chômage sur leur territoire, en y introduisant une certaine part d'obligation. C'est ainsi qu'on arrivera le plus sûrement à des résultats immédiats et qu'on créera les premières assi-

(1) *Reichstag*, 194⁰ *Sitzung am Mittwoch* 15 *Oktober* 1902, 5662 B.

ses de la construction ultérieure : on verra ainsi combien exagérées ont été les craintes de simulation qu'on avait soulevées au début, tout comme on les avait élevées contre l'assurance contre les accidents et contre l'invalidité ».

Le sytème d'assurance obligatoire communal ne peut jusqu'ici s'appuyer sur des expériences pratiques.

Mais un autre système fait actuellement l'objet d'expérimentations intéressantes : c'est celui des caisses locales d'assurance facultatives, organisées plus ou moins sur le plan de celle de Berne.

On a parlé plus haut de la caisse de Cologne (voir p. 34). On signale maintenant la création d'une seconde caisse d'après des principes analogues à Leipzig.

Ce nouveau projet, dû à M. le Dr Bischoff (1), a été discuté d'abord au sein de la Société d'utilité publique (*Gemeinnutzige Gesellschaft*) et la caisse a été définitivement créée le 24 avril 1903 (2), avec le concours de membres éminents de la bourgeoisie de Leipzig.

---

(1) *Leipziger Tageblatt* du 10 janvier 1903.

(2) *Satzung des Arbeitslosen-Versicherungsvereins zu Leipzig.*

Un capital de réserve de 100.000 marks a été souscrit, grâce à l'appui de la municipalité et de donateurs généreux. Un cinquième seulement du capital a été immédiatement versé.

La caisse sera alimentée au moyen des cotisations de fondateurs qui payeront 500 marks, de protecteurs qui payeront 5 marks par an, et de membres effectifs, dont la cotisation est de 30, 40, 50, ou 60 pf. par semaine, suivant le risque de chômage constaté par le Comité. Quand pendant un an les assurés n'auront pas eu recours à la caisse, la cotisation sera réduite de 0 mk.10. par an jusqu'à ce que la cotisation ait atteint le taux de la classe inférieure. Le secours de chômage sera de 1 mk. 20 par jour : il peut être touché après 42 semaines de paiement de cotisation. Les premiers membres ont été inscrits en août 1903.

La caisse sera en rapports aussi étroits que possible avec le bureau de placement officiel récemment réorganisé.

Comme on voit, c'est, avec quelques variantes, le type colonais qui a été adopté.

Un système, très analogue aussi, a été formulé à Berlin au nom de la Société philanthropique (*Gemeinnutzige Gesellschaft*) et les auto-

rités communales berlinoises y sont, paraît-il,
fort sympathiques (1).

Une caisse spéciale serait créée avec des cotisations hebdomadaires des assurés, fixées de 20 à
30 pfennigs, tandis que les indemnités quotidiennes de la caisse seraient de 1 mark au minimum, et pourraient augmenter d'après le montant des subventions communales et patronales.
La durée du secours est provisoirement fixée de
30 à 45 jours. Un capital de garantie de
100.000 marks et des subventions volontaires
de 10.000 marks par an paraissent nécessaires
au bon fonctionnement de l'organisation.

Contrairement au système colonais, provisoirement au moins, la caisse ne serait pas
accessible aux ouvriers des industries saisonnières et aux femmes ; si on les admettait
plus tard, on leur imposerait des cotisations
spéciales.

La caisse s'occuperait aussi autant que possible du placement des ouvriers.

Formulé il y a quelques mois à peine, ce
projet n'a pas encore, à notre connaissance,
reçu un commencement de réalisation.

Le projet de caisse munichoise, que nous

______

(1) *Soziale Praxis*, 22 janvier 1903, n° 17.

avons étudié sous le numéro précédent, est aussi une œuvre locale, mais il laisse l'administration de l'assurance contre le chômage aux Unions ouvrières qu'il se contente de subsidier. Il en diffère donc considérablement.

D'autres projets encore sont en discussion à Francfort, à Stuttgart, à Dusseldorf, à Carlsruhe, etc., etc.

Les projets d'assurance communales contre le chômage sont d'ailleurs très divers dans leurs formes. Certains de leurs partisans les rattachent à des caisses spéciales obligatoires (Sonneman), ou facultatives (Cologne et Leipzig), d'autres à des caisses de malades (Tischendörfer), d'autres aux Unions professionnelles (Munich), d'autres encore aux Bureaux de placement (Rœsicke), ou même à l'épargne en vue du chômage (Zurich, Dusseldorf).

Cette diversité dans les moyens d'organisation, la comparaison et la critique qui peuvent résulter de cette variété sont comptées au nombre des grands avantages du système communal. Chaque ville devient ainsi un champ d'expérience où l'Empire pourra découvrir le meilleur procédé et les échecs n'auront pas l'amplitude et les contre-coups fâcheux d'une défaite dans toute l'Allemagne.

Il est vrai que l'avantage ainsi allégué n'est à proprement parler que le résultat d'un malentendu. Tous ces procédés divers s'écartent grandement du système « officiel » d'assurance communale de M. Sonneman, et il est douteux qu'on parvienne jamais à faire voter un projet de loi qui puisse justifier des tentatives aussi diverses. Une fois voté, quand il s'agira de faire les expériences, les partisans recommenceront les discussions sur le meilleur système à préconiser.

III. *L'assurance au sein des corporations industrielles patronales (Berufsgenossenschaften).* — Comme on le sait, les *Berufsgenossenschaften* sont les groupements des patrons allemands, obligatoirement répartis en corporations professionnelles pour faire fonctionner la loi d'assurance obligatoire contre les accidents.

C'est ce système qui, à notre avis, est le plus imprégné de l'esprit allemand et qui a réuni dans les cercles gouvernementaux, scientifiques et patronaux, les appuis les plus sérieux.

Les justifications données à ces projets, les modes d'organisation préconisés diffèrent naturellement suivant les divers groupes. D'une manière générale, le point de départ du système paraît être que le chômage industriel est, comme l'accident, un risque professionnel, conséquence de l'industrie moderne. Les patrons doivent prendre contre lui des mesures de défense que seuls ils sont à même d'organiser. Mieux encore, si le patron isolé peut difficilement être rendu responsable de ce qui est la conséquence de l'organisation de l'industrie, la Corporation industrielle a le devoir de veiller à ce qu'un juste équilibre entre la production et la consommation soit toujours maintenu et que, aux périodes d'abondance, on n'embauche pas inconsidérément des masses d'ouvriers qui devront nécessairement être débauchés, congédiés, quand viendra la crise. Les *Berufsgenossenschaften* — qui ont tant contribué au coude-à-coude des industriels allemands et qui ont eu une influence préparatoire considérable dans la formation des kartells — sont ainsi assez légitimement rendues responsables des fautes commises dans l'aiguillage de l'industrie : elles auront à prendre des mesures pour empêcher les à-coups de l'activité industrielle pour pacifier, calmer, adoucir les moments de suractivité — qui sont

aussi des moments de crises — afin d'empêcher les congés en masse au moment des crises
de sous-activité. L'anarchie de la production —
dont on s'occupe partout de réglementer les ef-
fets — diminuera et sera remplacée par une
bonne organisation de la production, quand les
patrons devront, par l'assurance contre le chômage, payer les conséquences sociales des développements exagérés qu'ils donnent parfois
à leurs établissements.

Le chômage est dans ce système considéré
comme la conséquence des fautes de l'industrie
et non de la classe ouvrière : aussi est-ce au
patron lui-même et non au travailleur à en
supporter les conséquences.

Car beaucoup des partisans de cette forme
d'assurance vont jusqu'à cette conséquence
logique, faite pour bouleverser nos idées :
l'assurance contre le chômage doit être à la
charge exclusive des patrons.

C'est notamment ce que soutenait avec beaucoup de talent devant la Conférence des Bureaux
de placement de Berlin (1), M. H. Herkner, qui

(1) *Dritte Verbandsversammlung und Arbeitsnachweis-
Konferenz in Berlin*, 1902, p. 119, 141.

développait les mêmes idées dans *Die Arbeiter-frage*. Cette manière de voir est d'autant plus intéressante à signaler que M. H. Herkner était jadis partisan de l'organisation exclusivement syndicale de l'assurance contre le chômage.

D'autres souhaiteraient d'introduire certaines modifications de détail à ce projet. Ainsi M. Buschmann, un des auteurs les plus considérés en matière d'assurance contre le chômage, voudrait voir les ouvriers supporter les deux tiers de la cotisation et les patrons un tiers. Chaque partie aurait, partant, le droit de contrôler l'emploi des cotisations.

Même en dehors des milieux scientifiques, ce système s'est déjà assuré des appuis puissants.

C'est ainsi qu'au Reichstag, M. le Dr Hitze, l'un des chefs les plus écoutés de cette fraction du Centre (1), qui a une si décisive influence sur la formation actuelle de la législation sociale en Allemagne, se prononçait avec certaines réserves en faveur des corporations industrielles comme organes de l'assurance contre le

____

(1) Dr Hitze, *Reichstag*, 120ᵉ *Sitzung am* 17 *Januar* 1902, 3459 A.

chômage. M. Hitze souhaitait que les Corporations soient autorisées à entreprendre l'assurance contre le chômage au fur et à mesure
qu'elle leur apparaîtrait comme possible. En
développant le caractère local de ces organisations, on pourrait dès à présent, disait-il, imaginer la Corporation des mines, ou celle de l'imprimerie, commençant cette assurance qui
serait particulièrement facile dans ces industries. Puis, bientôt, au fur et à mesure de l'expérience acquise, la tentative pourrait être étendue à de nouveaux métiers. Cette solution
progressive de la question de l'assurance contre
le chômage ne pourrait naturellement s'effec-
tuer qu'après une réforme assez profonde de
l'organisation légale des Corporations : les
ouvriers devraient être introduits dans ces groupements sur un pied d'égalité avec le patron.

Le grand avantage que le Dr Hitze voit dans
ce système, est la facilité qu'il donne à la réalisation des mesures préventives contre le chômage.

D'un plus haut intérêt encore est l'adhésion
à ce système, donnée en son nom personnel,
par le Dr Zacher, le directeur général de l'Office
impérial des assurances, qui est un des théori-

ciens et des praticiens les plus estimés, et naturellement les plus écoutés, de l'assurance allemande (1). Lui aussi voudrait voir les Unions patronales supporter l'indemnisation des chômages résultant des crises industrielles, et les ouvriers, intéressés à l'organisation des Corporations, participer aux cotisations et à l'administration.

D'ailleurs, les partisans de ce système n'ont pas jusqu'à présent des vues très exclusives. Leurs théoriciens les plus éminents recherchent les moyens de rallier les syndicats au fonctionnement de cette forme d'assurance, soit en leur réservant l'assurance contre le chômage dans les cas de chômage ordinaire en dehors des temps de crise, soit en donnant à leurs membres indemnisés des subventions analogues à celles qu'on accorderait aux ouvriers affiliés aux Corporations industrielles, soit encore en leur réservant l'indemnisation des premières semaines de chômage.

Mais, jusqu'ici du moins, les ouvriers organisés se montrent particulièrement hostiles à

_____

(1) ***Dritte Verbandsversammlung und Arbeitsnachweis-Konferenz in Berlin***, p. 200.

ce mode d'organisation, surtout parce que la direction des Corporations se trouve aujourd'hui exclusivement entre les mains des patrons. Ceux-ci pourraient, à leur avis, se servir du prétexte de l'assurance et du soi-disant contrôle du caractère involontaire du chômage par l'offre du travail, soit pour forcer les ouvriers sans travail à accepter les emplois laissés vacants par des grévistes, soit pour introduire des conditions de salaire ou de travail contraires à la pratique industrielle ordinaire et détruire ainsi systématiquement l'œuvre lentement élaborée par les syndicats.

IV. *L'assurance contre le chômage au sein des caisses régionales d'invalidité et de vieillesse.* — C'est probablement cet argument, cette méfiance des classes ouvrières à l'égard des Corporations industrielles, qui a fait que le protagoniste socialiste de l'assurance obligatoire contre le chômage comme institution d'Etat, M. le député Hermann Molkenbuhr, a rattaché son système à l'organisation des Caisses d'invalidité.

Successivement dans la revue hebdomadaire du parti socialiste allemand, *Die Neue Zeit* (1),

(1) *Die Neue Zeit., Wochenschrift der deutschen Sozial-*

au Congrès socialiste de Munich (1) et au Reichstag (2), M. Molkenbuhr a défendu son projet qui consiste à majorer de 115 p. 100 le montant des cotisations actuellement perçues par l'assurance pour l'invalidité et la vieillesse, tant des patrons que des ouvriers, et à faire servir cette majoration au paiement d'indemnités de chômage. Comme dans l'assurance-invalidité encore, l'Etat allemand majorerait de 50 p. 100 les indemnités acquises par le moyen des cotisations ouvrières et patronales. Le secours de chômage serait de 2 francs par jour et pourrait être augmenté suivant les conditions de famille, tandis que la cotisation devrait être majorée dans les métiers particulièrement exposés au chômage.

A la différence de la plupart des autres systèmes d'assurance contre le chômage, l'auteur a plus ou moins étudié ce projet dans ses conséquences financières. En admettant, dit Molkenbuhr, que les résultats du recensement

demokratie, 1902, n°ˢ 18, 19 et 49, *Zur Frage der Arbeitslosenversicherung.*

(1) *Die Echo*, 19 Septembre 1902.

(2) *Reichstag, 191ᵉ Sitzung am Mittwoch*, 15 Oktober 1902.

du chômage effectué pour l'Empire allemand entier, les 14 juin et 2 décembre 1895, puissent servir de moyenne à la constatation de l'abondance du chômage, il y aurait quotidiennement en Allemagne 366.322 journées de chômage, tandis que l'assurance contre la maladie, qui ne s'applique jusqu'ici qu'aux trois cinquièmes de la classe ouvrière, donne 167.356 journées. Le coût de l'assurance obligatoire contre le chômage serait donc de 219.793.200 marks par an pour les secours seuls. Il faut y ajouter les frais d'administration, évalués à 60.000.000 de marks. Mais cette dernière somme sera facilement retrouvée si on songe aux économies que l'on réalisera sur les budgets de charité, de la mendicité, du vagabondage, des prisons, voire de la maladie et de l'invalidité. Restent donc comme dépenses supplémentaires 220 millions de marks, dont un tiers doit être mis à charge de l'Etat. Le reste, qui représente une contribution de 115 p. 100 sur le budget de l'assurance contre l'invalidité et la vieillesse, pourrait être perçu sans aucun frais ni ennui en majorant d'autant la valeur du timbre de l'assurance contre l'invalidité ; la cotisation hebdomadaire actuelle de 20 centimes par

exemple devant être portée à 43 centimes et
ainsi de suite. On voit que, pour M. Molkenbuhr,
la rentrée des cotisations tout au moins ne
présente aucune difficulté.

Malgré tout le talent que le député socialiste
a mis à la défense de son projet, il est resté isolé
jusqu'ici. Chaque fois qu'il présente et défend son
système, il prend soin d'indiquer qu'il parle en
son nom personnel et non pas au nom de l'un ou
de l'autre organe de son parti. Cependant le projet n'est pas à négliger. A défaut du système des
subventions aux syndicats, que tous les partis
bourgeois déclarent sans avenir aucun en Allemagne et qui ne constitue d'ailleurs pas une
solution d'assurance obligatoire, c'est ce projet
qui réunit le plus de sympathies dans le parti
socialiste, dont la voix sera probablement écou-
tée quand il s'agira de rédiger la loi d'assurance
contre le chômage. On ne peut cacher toutefois
que le système offre le grand vice de ne pas
reposer sur une répartition professionnelle
des métiers, les caisses d'invalidité étant des
caisses purement régionales.

V. *L'assurance contre le chômage au sein des
caisses obligatoires de malades.* — Il est incon-
testable que des trois fameuses lois d'assurance

sociale allemandes, c'est l'assurance contre la maladie qui a le plus de sympathies dans la classe ouvrière. Celle-ci est représentée dans l'administration de ces caisses d'une manière beaucoup plus large que pour les autres assurances : l'assurance-invalidité est trop bureaucratique, l'assurance-accidents trop exclusivement patronale.

Aussi est-il facile de comprendre que des chefs ouvriers aient tâché de rattacher l'assurance contre le chômage qui renferme tant d'inconnues à cette forme particulièrement sympathique de l'assurance.

Ce système a surtout trouvé pour défenseur un syndicaliste bien connu en Allemagne, M. Chr. Tischendörfer, qui a exposé son plan avec les détails nécessaires dans divers articles de revues (1).

En voici le sommaire, qui n'est pas sans présenter quelques complications :

Les caisses de malades seront autorisées à prélever un supplément de cotisation de 25 p.

---

(1) Voir notamment : *Soziale Praxis*, 1902, n° 50, p. 1307. — Voir aussi *Correspondenzblatt der Gewerkschaften Deutschlands, Deutsche Krankenzeitung,* et *Central-Organ der christlichen Gewerkschaften.*

100 et devront verser ces sommes à la Caisse communale pour la formation d'un fonds de chômage. Les communes peuvent rendre celui-ci obligatoire. Une commission, composée de 11 personnes, dont 2 délégués de l'administration communale et 9 de l'administration des caisses de malades (6 ouvriers et 3 patrons), administrera ce fonds et remettra une subvention à chaque syndicat qui aura organisé convenablement l'assurance contre le chômage. Les fonds ainsi destinés aux chômeurs seront remis par les syndicats tant aux sans travail non organisés qu'à leurs membres indemnisés.

M. Tischendörfer a défendu son système devant un grand nombre de congrès sociaux, notamment au Congrès des syndicats allemands de Stuttgart et au Congrès des Bourses du travail de Berlin. Mais ses idées n'y ont pas rencontré beaucoup de partisans.

Le projet a été plus appuyé au sein des associations de travailleurs évangéliques. C'est ainsi que l'assemblée des délégués de la Fédération des associations ouvrières protestantes du Palatinat, tenue le 31 mars 1902 à Frankenthal, réclamait instamment l'institution d'une assurance d'Etat, de caractère obligatoire,

contre le chômage. « Le capital, disait l'ordre
du jour voté à ce sujet, nécessaire au fonctionnement de l'assurance contre le chômage devra
être fourni :

a) Par l'industrie ;

b) Par l'ouvrier ;

c) Par l'Etat ;

d) Par les institutions de bienfaisance sérieuses.

La moitié de la cotisation payée pour les caisses
de maladie pourrait suffire pour cette assurance.
Les établissements de bienfaisance « sérieux »,
verseraient un pour cent déterminé de leurs
excédents. L'assurance serait obligatoire pour
tous les ouvriers saisonniers et autres dont le
salaire ne dépasse pas 2.000 marks. Le montant du secours sera déterminé par la loi et
devra être identique pour toute l'Allemagne. »

De plus d'importance encore à cet égard a été
la délibération du Comité de l'Union générale des
associations de travailleurs évangéliques, qui
s'est réuni à la Wartburg au début de juillet
1902 (1), et a spécialement recommandé l'étude
du mode d'organisation de l'assurance contre

(1) *Soziale Praxis*, 31/7, 1902, n° 47, col. 1170.

le chômage, préconisé par M. Tischendörfer.

Les esprits ne sont d'ailleurs pas définitivement fixés encore dans les associations protestantes ouvrières au sujet de la forme à donner à l'assurance contre le chômage. Comme nous l'avons vu plus haut, l'assemblée des délégués des associations évangéliques allemandes, réunies à Dusseldorf le 21 mai 1902, s'était prononcée en faveur de l'organisation de l'assurance contre le chômage au sein des syndicats ouvriers et non des caisses de maladie.

C'est également sur le rapport de M. Tischendörfer, que l'Association nationale sociale d'Allemagne (1), s'est prononcée en faveur de l'organisation de l'assurance contre le chômage par les caisses de malades. Mais cette Association est dissoute maintenant.

Au sein des caisses de maladie elles-mêmes, qui ont pris une si grande importance sociale en Allemagne, cette forme d'assurance a naturellement trouvé des défenseurs chaleureux. Non seulement ces associations y voyaient un moyen d'augmenter leur importance, mais comme il a été démontré à diverses reprises,

(1) *Bulletin de l'Office international du travail*, 1902, p. 582-583.

l'abondance du chômage et la difficulté que les ouvriers malades rencontrent à trouver du travail exercent une influence particulièrement délétère sur les finances des caisses de malades : leurs membres considèrent trop souvent le secours de maladie comme devant légitimement remédier à l'absence du secours de chômage. Aussi au point de vue financier, y a-t-il peu de partisans aussi convaincus de l'assurance contre le chômage que les trésoriers des caisses de maladie.

De divers côtés des vœux ont été émis par les assemblées générales des caisses de malades. L'un des plus caractéristiques est celui qui a été formulé à Offenburg le 26 octobre 1902 par l'Union libre des caisses de maladie dans le Grand-Duché de Bade.

« L'assemblée générale, dit-il, considère l'assurance contre le chômage comme étant d'une nécessité inéluctable. Elle doit être établie sur la base d'une institution de droit public, obligatoire pour tous les ouvriers, et ses charges seront supportées par l'Empire, les patrons et les intéressés. Les caisses de malades doivent être constituées en organes de cette assurance qui fonctionnera concurremment avec le placement. Les deux institutions devront être soumises à un remaniement complet. Les secours à allouer doivent être calculés sur le même taux et pour la même durée que ceux des caisses de maladie. »

Le Congrès général des caisses locales de maladie de l'Allemagne entière, comme on vient de le voir, n'a cependant pas osé aller aussi loin dans cette voie égoïste. Tout en recommandant chaleureusement, malgré les objections de son rapporteur, l'assurance contre le chômage, il a laissé ouverte la question du système à préconiser.

Comme on le constate, les sympathies dans les milieux ouvriers sont nombreuses en faveur de ce mode d'organisation, et on le conçoit facilement, car les deux grandes objections contre le système des subventions aux syndicats professionnels : le défaut d'universalité et le caractère politique de l'institution, ne se retrouvent pas ici. Les caisses de maladie ont en outre un caractère ouvrier bien caractérisé : les ouvriers payent les deux tiers des cotisations et possèdent les deux tiers de l'administration.

Il est vrai que d'autres objections se forment immédiatement : l'absence de caractère professionnel, et, par là, la difficulté du contrôle, la complexité du but nouveau, mis en regard de l'ancien, et, au point de vue allemand, le nombre trop restreint des membres.

VI. *L'assurance contre le chômage au sein des coopératives.* — Quoique peu mise en pratique jusqu'ici, l'idée de faire servir les bonis de la coopération à des buts sociaux n'est pas neuve. En Angleterre, c'est la coopération qui crée la coopération et les mille œuvres sociales qui se greffent sur les congrès coopératifs. En Belgique, la coopération socialiste est en rapports constants avec l'assurance contre les conséquences de la maladie et de la vieillesse. En Allemagne, on tente actuellement de la faire servir à l'assurance contre le chômage, comme à bien d'autres fins encore.

Jusqu'ici, on n'a guère à signaler dans ce domaine que la caisse d'épargne en vue du chômage constituée par la grande Coopérative *Produktion* de Hambourg.

Tentative isolée à laquelle ont été consacrés à peine quelques milliers de francs (8590 marks au début de 1902), elle ne vaut peut-être pas la peine d'être signalée. Mais elle décèle une direction nouvelle et très intéressante de la coopération allemande : la politique sociale inaugurée dans la grande coopérative de consommation de Hambourg a déjà bouleversé de fond en comble la traditionnelle orientation de la coopération allemande.

L'idée de joindre les efforts de la coopération à la lutte contre le chômage a du reste été reçue avec trop de sympathies par tous ceux qu'intéressent les œuvres de solidarité pour qu'il ne soit pas intéressant de s'y arrêter quelques instants.

Constituée il y a quatre ans à peine dans un esprit très opposé aux vieilles traditions un peu égoïstes de la coopération allemande, la Coopérative *Produktion* a, comme on le sait, largement accompli son programme. Soupçonnée avec d'autres coopératives de tendances dangereuses et expulsée de la Fédération coopérative générale, dirigée par M. Cruger, la *Produktion* a accepté la lutte. En quelques mois elle a déjà groupé autour d'elle la grande majorité des coopératives de consommation qu'elle a lancées résolument dans une voie nouvelle : la coopération ouvrière, à côté, presqu'en face, des coopératives bourgeoises, restées dans la vieille Fédération.

Fondée avec ce programme, la *Produktion* n'a pas voulu employer les bonis coopératifs de ses membres à d'innocentes et stériles ristournes, rentrant infimes et sans influence dans la consommation générale.

Elle a voulu leur donner un but social et on fut bientôt d'accord pour les faire servir à la lutte contre les conséquences du chômage.

On avait d'abord rêvé de consacrer une partie du dividende brut à une assurance générale contre le chômage des membres. Mais on reconnut bientôt que ce plan était irréalisable, spécialement dans une ville de débardeurs. Les risques auraient été trop divers pour maintenir l'égalité entre les membres et trop considérables pour ne pas compromettre irrémédiablement les finances de la jeune société.

On a décidé de se contenter d'organiser l'épargne individuelle et obligatoire en vue du chômage et des calamités de la vie.

A cet effet, les dividendes ne sont pas remis en espèces aux membres ; on se contente de les inscrire dans un carnet d'épargne d'où ils ne peuvent être retirés librement que lorsqu'ils ont atteint un montant de 125 francs. Toute somme dépassant ce chiffre devient une épargne ordinaire.

Les sommes inférieures sont retenues et ne peuvent être employées par le membre, ou plutôt être consacrées par celui-ci à des achats dans la coopérative, qu'en cas de chômage, de maladie non indemnisés, de départ, d'invalidité, de mort et dans quelques autres cas spéciaux, parmi lesquels la grève est, paraît-il, comprise. Dix pour cent des réserves sont toutefois mis à la disposition des membres à la Noël pour les fêtes gastronomiques de la saison.

Telle est cette institution, aux débuts encore modestes, mais qui va en se développant assez rapidement. Le fonds des détresses ainsi constitué par la *Produktion* renfermait :

Au 1ᵉʳ janvier 1901 . . . . . . 3.532 m. 20
— — 1902 . . . . . 8.590 m. 20
—· septembre 1902. . . . 23.936 m. 15

Il se développe donc rapidement.

Nous ne savons si cette forme d'épargne en vue des misères ouvrières a été imitée dans d'autres coopératives allemandes. En tout cas, elle vaut mieux qu'une simple mention parmi les institutions ayant organisé l'épargne en vue du chômage, dont on parlera plus loin.

VII. *L'assurance contre le chômage au sein des bureaux de placement paritaires.* — Ce n'est pas le lieu ici de montrer le développement énorme, défiant toute comparaison avec l'étranger, que prennent actuellement les bureaux de placement paritaires, constitués dans toutes les villes de l'Allemagne. Ces institutions, fondées sur le principe de la parité des droits des patrons et des ouvriers dans le placement des travailleurs, et partant sur la nécessité d'une représentation équivalente des uns et des autres dans la direction de ces offices, font actuellement des progrès considérables qui sont pleinement reconnus, tant par le Gouvernement que par l'opinion publique. Aussi commence-t-on à y voir une de ces institutions de droit public si chères aux Allemands. Le gouvernement vient de les prendre sous sa protection spéciale et le réseau de ces bureaux se resserre sans cesse. Des Fédérations naissent partout et le moment n'est plus très éloigné peut-être, où, à travers toute l'Allemagne, on verra pour le placement des ouvriers s'élever une œuvre aussi importante que les assurances sociales. Après les tâtonnements du début, l'œuvre marche à grands pas aujourd'hui. Demain peut-être, dans quelques années à coup sûr, elle sera complétée.

Aussi n'est-il pas étonnant que, dans tous les projets d'assurance contre le chômage examinés jusqu'ici, on ait cherché à unir l'assurance par une coopération aussi étroite que possible avec les bureaux de placement. A côté de la répression du chômage survenu, représentée par l'assurance, ceux-ci constituent l'œuvre essentielle de la prévention, et chacun est d'accord pour reconnaître que le placement est plus urgent encore que l'assurance

Mais parmi les propagandistes de l'assurance contre le chômage, il en est qui veulent aller plus loin et confier l'organisation entière de l'assurance contre le chômage aux bureaux de placement eux-mêmes.

A la tête de ceux-ci, se distingue M. Richard Freund, le directeur de l'établissement régional d'assurance de Berlin et l'un des économistes les plus versés en la matière des assurances, co-rapporteur à la Conférence des Bureaux de placement de l'an passé à Berlin (1). M. Freund voudrait la coopération de la caisse d'assurance contre le chômage avec les bureaux

(1) *Dritte Verbandsversammlung und Arbeitsnachweis-Konferenz am* 11 *Oktober* 1902, Berlin, p. 141.

de placement corporatifs paritaires qui existent assez nombreux à Berlin (mais sont rares dans le restant de l'Allemagne). L'assurance serait rendue obligatoire par la conclusion d'un contrat de travail. Le délai après lequel on pourrait être indemnisé serait de treize semaines et l'indemnité de 1 mark par jour serait payée à partir du 15° jour de chômage. Les chômeurs mariés et pères de familles verraient augmenter leurs indemnités. Le secours serait payé pendant une période variant de trois à dix-huit semaines suivant la durée de l'affiliation. La cotisation, de pf. 50 par semaine, serait payée moitié par l'ouvrier et moitié par le patron. Les assurés restés trois années sans recourir à la caisse se verraient restituer un tiers de leurs cotisations. La direction et le contrôle de l'assurance seraient entrepris par la curatelle paritaire du bureau de placement (1).

Président du bureau de placement paritaire des brasseurs de Berlin, M. Freund a présenté son projet, comme œuvre d'application immédiate, au bureau de placement corporatif qu'il

(1) *Der Arbeitsmarkt*, Berlin, 15 juin 1902, p. 337. *Arbeits losenversicherung im Anschluss an paritätische Facharbeitsnachweise*, von Dr. jur Richard Freund,

présidait. Ce projet lui paraissait pouvoir être réalisé sur le champ dans cette organisation, d'autant plus facilement que déjà ce bureau possède un embryon d'assurance contre le chômage. En effet, au moyen des cotisations qu'on doit payer pour participer au placement, et d'une subvention de l'Union des brasseries, ce bureau donne des indemnités de chômage aux ouvriers brasseurs sans travail attendant vainement un emploi : 418 ouvriers ont reçu ainsi des secours l'an passé.

Mais le projet a été fortement combattu, tout au moins comme œuvre d'application immédiate pour le métier des brasseurs. Notamment un partisan convaincu de l'assurance contre le chômage, M. R. Rœsicke (1) a clairement montré qu'il était impossible de réaliser actuellement une institution obligatoire de ce genre pour un seul métier. L'impossibilité de forcer le patron à continuer sa participation à la caisse lui paraissait exclure la possibilité de la conclusion d'un contrat.

(1) *Sonderabdruck aus Wochenschrift für Brauerei,* 1902, n° 36 ; *Die Arbeitslosen-Versicherung der Brauer und Böttchergesellen im Anschluss an den paritätischen Arbeitsnachweis des Vereins der Brauerei Berlins und der Umgegend,* Richard Rœsicke.

Aussi l'Union des brasseries, tout en émettant le vœu de voir développer son œuvre d'assistance des chômeurs, ne s'est-elle pas ralliée au projet qui lui était soumis et qui n'est jusqu'ici qu'une œuvre académique, émanant il est vrai d'un des homme les plus versés d'Allemagne en matière de droit, d'assurance et de placement.

Mais en dehors de l'Union des brasseries, le projet de M. Freund a réuni beaucoup d'adhésions, tout au moins dans son esprit et comme tendance.

Cela se comprend. Plus qu'aucune autre forme d'assurance, l'assurance contre le chômage se butte à une difficulté considérable : c'est le danger de la simulation d'un chômage involontaire. Le mode de contrôle mutuel remédie jusqu'à un certain point à ce danger. C'est là ce qui a fait la grande supériorité du procédé des subventions aux caisses mutuelles des syndicats. La mutualité peut faire régner cette confiance absolue qui se manifeste entre égaux, co-intéressés au bon fonctionnement d'une œuvre, mais qui n'existera jamais entre assuré et fonctionnaire ou protecteur.

Dès lors, dans l'assurance contre le chômage, dès qu'on part du principe généralement admis en Allemagne en dehors de la classe ouvrière, que la généralisation et l' « étatisation » de l'assurance syndicale n'ont aucun avenir, il est nécessaire de trouver un substitut au contrôle mutuel. On n'a jusqu'ici rien trouvé de plus efficace comme pierre de touche de la sincérité du chômage que l'offre d'un travail réel, ce que les Anglais appellent si clairement le « Labour test ». Or, où peut-on trouver meilleure organisation à cet effet que les Bourses du travail paritaires dont l'importance augmente chaque année et dont les placements s'effectuent déjà par million ? (1).

Voilà pour le principe, qui renferme certainement une observation solide.

Mais dès qu'on entre dans les détails de l'organisation, on voit s'élever les difficultés. Comment transformer l'organisation traditionnelle des bureaux de placement paritaires en instituts d'assurance officielle obligatoire contre le chômage ? Malgré les progrès récents des *Arbeitsnachweise*, il y a beaucoup plus de milliers de communes en Allemagne qu'il n'y a de centaines de bureaux de placement. Dans la Saxe

____

(1) En 1897, 567.895 placements ; en 1898, 629.563; en 1899, 691.580 ; en 1900, 779.590 ; en 1901, 1.036.874.

royale entière, par exemple, ce noyau de la grande
industrie allemande, on ne compte jusqu'ici que
deux Bourses du travail paritaires ; en Westpha-
lie, elles sont presque aussi rares. Dans tout le
pays du Rhin et un peu partout en Allemagne la
grande industrie refuse systématiquement toute
participation aux Bourses du travail !

Parmi ces quelques centaines de bureaux,
combien encore ne fonctionnent que sur le
papier, combien dont toute l'activité se limite
annuellement à des opérations portant sur des
nombres d'un ou deux chiffres !

Dans les rares bureaux qui fonctionnent
d'une manière satisfaisante, combien restreint
encore est le placement !

Il y a quelques années, en 1899, pour constater où en étaient respectivement de leurs efforts
res bureaux de placement de droit public pa-
litaires, ceux des patrons et des organisations
ouvrières et les entrepreneurs de placement,
le « Bureau central pour les rapports sur le
marché du travail » a fait une vaste enquête sur
le placement dans les divers métiers.

(1) Jastrow, *Sozialpolitik and Verwaltungswissen-
schaft ; I, Arbeitsmarkt und Arbeitsnachweis, Gewerbege-
richt und Einigungsämter*, Berlin, 1902, p. 131-137.

Au grand étonnement de ses initiateurs, l'enquête a constaté que les quatre formes systématiques du placement n'avaient pour ainsi dire même toutes ensemble aucune importance en face du système usité à travers toute l'Allemagne urbaine et rurale du coup de sonnette donné par le chômeur chez le patron. Le système de l'*Umschau*, contre lequel les bureaux paritaires luttent depuis si longtemps domine encore : c'est le hasard de la rencontre plutôt que la mise en rapport systématique qui règne en maître sur le marché du travail.

Enfin, les rares bureaux de placement qui dominent certaines parties du marché sont organisés presque toujours pour tous les métiers en bloc, tandis que l'expérience a démontré que l'assurance contre le chômage doit grouper des risques équivalents et doit partant être organisée professionnellement.

Puis, toutes ces difficultés d'organisation vaincues, reste la grande question presque insoluble de l'organisation pratique de l'assurance obligatoire autour d'un établissement libre, de la transformation d'un bureau d'utilité publique en une organisation financière colossale.

M. Freund ne se cache pas l'importance de

toutes ces objections. Son projet actuel est loin de comprendre l'organisation de toute l'assurance contre le chômage : il ne veut pour le moment que tenter une expérience dans un bureau de placement organisé professionnellement et paritairement, celui des brasseurs de Berlin.

Mais ces bureaux professionnels sont bien rares : Berlin en renferme une dizaine, constitués presque tous dans de petits métiers : les peintres, les tapissiers, les blanchisseuses, les brasseurs, maintenant les relieurs, quelques autres encore. Mais en dehors de Berlin qui peut, par l'immensité de son champ d'action, supporter une organisation professionnelle de ce genre, il n'y a guère dans l'Allemagne entière, comme bureaux de placement professionnels officiels, que quelques rares corps de métiers (*Innungen*) de la petite industrie : presqu'aucun de ces corps ne groupe plus de cent ouvriers. Ils sont en général assez peu accessibles aux expérimentations sociales.

D'ailleurs, cette organisation professionnelle fragmentaire de l'assurance contre le chômage aurait peut-être les contre-coups les plus dangereux et les plus inattendus sur la constitution interne du métier et pourrait tarir ou faire déborder les sources de son recrutement. Grave problème : la Corporation des brasseurs de Berlin, si prête aux initiatives, n'a pas osé en accepter les risques.

Puis, comme le fait remarquer avec raison le grand journal syndical allemand (1), tandis que presque tous les projets d'organisation de l'assurance contre le chômage reconnaissent plus ou moins les droits acquis en cette matière aux syndicats ouvriers et s'efforcent de leur procurer une situation analogue à celle qui a été faite aux anciennes mutualités contre la maladie, rien de semblable n'existe ici : les syndicats se trouvent purement et simplement expropriés d'une branche de leur activité.

C'est pour remédier à cet inconvénient très grave que Mlle Fanny Imle (2), une syndicaliste enthousiaste des mieux connues de l'autre côté du Rhin, a formulé un autre projet d'organisa-

(1) *Correspondenzblatt der General Commission der Gewerkschaften Deutschlands*, 28 juillet 1902, n° 30. *Neue Vorschläge zur gesetzlichen Regeluny der Arbeitslosenversicherung*, p. 513.

(2) *Soziale Praxis*, XII, *Jahrg.*, n°ˢ 13 et 14 ; *Zur Frage der Arbeitslosenversicherung, von Fanny Imle (Schöneberg)*, Berlin, 25 décembre 1902, 1ᵉʳ janvier 1903.

tion de l'assurance contre le chômage par le moyen des Bourses du travail.

Cette adhésion est d'autant plus caractéristique que Mlle Imle fut à Stuttgart parmi les votants de l'ordre du jour von Elm : un de ses amendements, adopté par le Congrès des syndicats, avait étendu et précisé le sens du vote.

Fanny Imle ne voit pas dans les bureaux de placement une formule définitive de l'assurance contre le chômage, mais bien plutôt un champ d'expérience. Les communes, autorisées par la loi, feraient, au moyen des bureaux de placement paritaires. des tentatives diverses, que les sociologues pourraient critiquer suivant leur plus ou moins de succès ; d'après les résultats, on pourrait plus tard établir la loi d'Empire qui donnerait l'organisation définitive pour l'Allemagne entière.

Ce que Mlle Imle demande aujourd'hui, c'est que les communes soient autorisées par la loi à imposer pour l'assurance coutre le chômage des cotisations aux patrons et aux ouvriers. Faudrait-il que dans tous les cas la cotisation soit perçue des deux parts ? Suffirait-il de demander aux patrons ? Les ouvriers seuls devraient-ils être mis à contribution ? Le fonds

serait-il une véritable assurance ou bien
pourrait-il suivant les cas donner des subventions à des caisses libres ? Les membres des
syndicats assurés contre le chômage seraient-
ils exonérés de la cotisation, tout en jouissant
de certains avantages ou de tous ? Ce sont là
des questions qu'on pourrait peut-être laisser
les communes progressives régler, remettant à
l'expérience le soin de démêler ce qu'il y a de
meilleur.

Le tout se passerait sous le contrôle de la
Bourse du travail paritaire qui donnerait à
l'ensemble une organisation professionnelle et
veillerait à percevoir des patrons et peut-être des
ouvriers des cotisations adéquates au risque et
à obtenir des subventions communales et gouvernementales. Le Bureau de placement aurait
à régler les détails de l'organisation, ainsi qu'à
fixer quelle est la période pendant laquelle
l'ouvrier doit cotiser avant d'être indemnisé,
chômer avant de toucher, et enfin pourra toucher son secours. Questions accessoires, où
l'expérience fournira bientôt des solutions, tandis que la pierre de touche du travail apprendra à séparer l'ivraie du bon grain.

« C'est là une solution pratique et raisonnable », dit'Mlle Fanny Imle, à laquelle personnellement elle préfère le système des subventions aux syndicats organisant l'assurance contre le chômage ; malheureusement sa solution de prédilection est sans espoir de réalisation aujourd'hui avec les mœurs politiques du gouvernement.

En somme, l'organisation de l'assurance contre le chômage par les bureaux de placement paritaires est une solution des plus intéressantes. Sujette à discussion, elle ne paraît pas encore avoir trouvé sa formule définitive, mais elle contient en elle plus d'avenir qu'aucun autre système. Les bureaux de placement auront en tout cas un rôle important dans l'organisation de l'assurance obligatoire.

VIII. *L'assurance, ou mieux l'épargne individuelle en vue du chômage.* — Le grand théoricien de l'assurance contre le chômage en Allemagne est un professeur de l'Université de Wurzburg, M. Georg Schanz. Dans les trois volumes qui ont successivement paru en 1895, 1897 et 1901 (1), M. Schanz analyse longuement

____

(1) *Zur Frage der Arbeitslosenversicherung Untersuchungen.* Bamberg, 1895, 384 p. ; *Neue Beiträge zur Frage der Arbeitslosenversicherung*, Berlin, 1897, 216 p. *Dritter Beitrag zur Frage der Arbeitlosenversicherung*

et minutieusement tous les projets qui se sont fait jour, et plus que personne il a contribué, autant par ses études que par ses critiques, à documenter fortement ses compatriotes sur la matière si difficile de l'assurance contre le chômage. Aussi, pour tout ce qui concerne la période antérieure à 1901 peut-on se contenter de renvoyer à ces livres, vrais modèles d'exposition impartiale. Plus que personne, M. Schanz a contribué à attirer l'attention du public sur la question.

Cependant M. Schanz n'est pas un partisan de l'assurance contre le chômage et les critiques qu'il adresse aux divers modes d'organisation proposés ont d'autant plus d'importance qu'il est le maître incontesté en la matière au point de vue de la documentation.

« Le chômage, conclut-il, n'est pas, à proprement parler, matière à assurance parce que, dans le monde entier, on ne trouverait probablement pas deux ouvriers pour lesquels la menace de chômage soit la même. Celui-ci est diligent, il est patient, il est habile, il est intelligent, il sait plaire au maître, il travaille chez un patron généreux, ou compatissant, ou intel-

ünd der Bekämpfung der Arbeitslosigkeit. Berlin, 1901, 400 p.

ligent, ou riche. L'un travaille dans un établissement, dans un métier, dans une ville, dans
un pays, à une époque où le travail est abon-
dant. Toutes ces circonstances tendent à raréfier
le chômage, tandis que leur absence l'augmente.
Comment, entre risques si divers, veut-on
tenter l'assurance, qui peut rendre des services
dans des circonstances uniformes, mais non au
milieu d'événements qui dépendent du caprice
et du caractère si divers des hommes? Dès qu'on
quittera les voies de l'assurance mutuelle, cette
objection augmentera encore énormément de
valeur. »

Pour établir la justice en cette matière, il est
indispensable que chacun se constitue à lui-
même sa caisse d'assurance, c'est-à-dire épargne
et se donne une garantie pour les jours de
chômage.

Aussi M. Schanz a-t-il proposé de supprimer
tout l'appareil coûteux et compliqué de l'assurance pour adopter un système fort simple
d'épargne obligatoire.

Pour tous les ouvriers participant à l'assurance obligatoire contre la maladie, les patrons
seront obligés de verser une cotisation d'épargne qui s'élèvera à 38 pfennigs par semaine :

un tiers de cette cotisation sera à charge des patrons, deux tiers à charge des ouvriers.

Dans les industries saisonnières, la retenue sera de 10 p. 100 du salaire, dont les neuf dixièmes à charge de l'ouvrier, un dixième à charge du patron.

Ces sommes seront bloquées sur un livret d'épargne, d'où elles ne pourront être retirées qu'en cas de chômage, à raison de 5 à 8 marks par semaine, ou bien lorsque la somme inscrite au livret dépassera 100 marks. Les livrets pouront aussi être mis à contribution en vertu d'une décision du conseil de surveillance quand, par suite d'une crise, les salaires seront extraordinairement réduits.

Ce système présente de grands avantages. Le diligent et l'actif ne sont plus mis à contribution par le négligent et le paresseux. Par l'obligation de consommer ses propres épargnes, qui devront être reconstituées plus tard, le danger de la simulation se trouve réduit à un minimum, le contrôle est en quelque sorte automatique et il devient presque complètement inutile de rechercher la cause du chômage. On peut ainsi réduire les frais généraux qui grèvent si considérablement tous les autres systèmes à un minimum ne dépassant guère celui des caisses d'épargne ordinaires. Les ouvriers contracteront ainsi des habitudes d'épargne, et les proches de l'ouvrier décédé trouveront presque toujours une somme d'une centaine de marks, particulièrement utile en cas d'abandon du métier.

Dans certaines sphères patronales, le projet de M. Georg Schanz a été très favorablement accueilli. Dès à présent, dans les diverses parties de l'Allemagne, il y a des patrons qui ont créé dans leurs établissements des caisses d'épargne d'où les ouvriers affiliés ne peuvent retirer leurs épargnes, majorées ou non par le patron, qu'en cas de chômage ou d'autre catastrophe ouvrière (1). Des caisses d'épargne de ce genre, englobant les ouvriers de plusieurs patrons ou même de toute une ville, sont également en projet, mais n'ont pas été réalisées jusqu'ici, à notre connaissance du moins. En Suisse notamment, à la suite de l'échec des systèmes de caisses municipales d'assurance, le système Schanz a rencontré beaucoup de sympathies, mais rien n'a cependant été réalisé jusqu'ici.

(1) Voir Schanz, *Neuer Beiträge*, 85-112, *Dritter Beiträge*, 168-287.

De tous les projets formulés, c'est celui-ci qui a trouvé le moins d'adversaires dans les milieux patronaux, mais le plus, dans les milieux ouvriers et sociaux.

Pour faire comprendre la différence des points de vue auxquels on se place à ce sujet et montrer jusqu'où va l'hostilité de la classe ouvrière, qu'il soit permis de citer un fragment de discours au Reichstag d'un orateur socialiste, M. Zubeil. Ce fragment n'est pas fourni d'ailleurs comme une appréciation académique (1).

« Le plus mauvais de tous les projets en matière d'assurance contre le chômage nous est, comme il fallait s'y attendre, fourni par l'organe des Krupp, une de ces feuilles qui représentent le capital dans son apparence la plus hideusement dénudée... Cette feuille propose de faire supporter en toute première ligne obligatoirement à la classe ouvrière elle-même tout le fardeau de l'assurance contre le chômage et de faire sur son salaire, pendant tout le temps où l'ouvrier est au travail, une retenue fixe, comme pour l'assurance en cas de maladie et d'invalidité. Ces retenues seront inscrites sur

(1) Zubeil, *Reichstag*, 120ᵉ *Sitzung*, *Freitag* 17 *januar* 1902, p. 3446.

un livret d'épargne jusqu'à ce qu'elles atteignent le montant de 100 marks et elles seront alors confiées à l'administration des corporations patronales qui ne permettront d'y toucher que lorsque le chômage sera là. Ce qui dépasse les 100 marks peut être retiré librement, comme une épargne ordinaire. En d'autres termes, c'est une peine supplémentaire, une amende préventive imposée aux travailleurs qui sont innocents des causes des crises et du chômage. Aussi les travailleurs y réfléchiront-ils à dix fois, avant de donner leur approbation à des projets de ce genre. Un plan analogue a été d'ailleurs formulé par l'économiste national de Wurzburg, Schanz. »

Le projet de M. Schanz a trouvé des partisans en dehors du groupe des industriels. Nous signalerons parmi les plus intéressants le projet qui a été formulé par M. Eberstadt (1). Celui-ci s'est efforcé de faire disparaître le caractère égoïste qui dépare le projet, en le combinant avec une assurance. Le système reconquiert ainsi le caractère d'œuvre de solidarité qui est indispensable au succès de toute œuvre sociale moderne.

(1) *Soziale Praxis*, 1902, n° 27, p. 705.

L'ouvrier devrait posséder, d'après lui, son livret d'épargne, comme le réclame Schanz, mais il devrait en même temps être assuré à son syndicat contre le chômage. Si le travail vient à lui manquer, il mangera d'abord son épargne, puis aura droit, dans de certaines limites, à l'assurance du syndicat pendant une période à déterminer. Le chômage fini, il devra tout d'abord reconstituer son épargne.

Le système d'épargne obligatoire de M. Schanz, qui semblait lors de son apparition devoir bouleverser les idées anciennes, et qui paraissait avoir devant lui un avenir presqu'aussi brillant que l'assurance contre le chômage, ne fait plus de grands progrès aujourd'hui. On a remarqué, non sans une pointe de malice, qu'à la Conférence des Bourses du travail allemandes de l'an passé, où presque tous les systèmes avaient trouvé des défenseurs convaincus et qui constituait en quelque sorte une revue de toutes les initiatives en cette matière, le système de M. Schanz n'avait pas trouvé un seul défenseur. Si le rapporteur n'avait fait une étude académique des diverses tentatives, l'épargne obligatoire en vue du chômage aurait été absolument ignorée.

Des objections très graves au système de l'épargne obligatoire peuvent être faites.

Tout d'abord, l'immobilisation des capitaux est énorme, disproportionnée avec l'importance du risque de chômage. Tandis que l'indemnisation du chômage ne nécessite que le service d'une rente, c'est le capital entier qu'on doit accumuler ici.

Malgré cela, le système est fort peu efficace. L'ouvrier médiocre, qui est le plus souvent frappé par le chômage, ne pourra jamais acquérir une réserve de quelque importance : au bout d'une année d'épargne, il n'aura économisé que 10 marks, somme à peine suffisante pour compenser une semaine de chômage. Pour accélérer un peu la constitution de cette épargne, M. Schanz fait intervenir le patron par une cotisation de 10 pfennigs par semaine ou 5 marks par an. Mais cette intervention amène bien des difficultés ! Ces cotisations patronales peuvent-elles être considérées comme une épargne de l'ouvrier ? Le travailleur peut-il se les approprier en cas de grève, de lock-out, de conflit, de départ intempestif, de renvoi, ou même en cas de décès, d'abandon du métier ? Questions difficiles. Si oui, il y a quelque chose de révoltant à voir le patron subventionner ainsi la grève de son propre atelier, quelque chose de très différent de l'assurance contre le chômage, à le voir obligé d'assurer sur la vie, l'ouvrier qu'il emploie. Si non, il faudra recourir à la vérification de l'emploi des fonds et tout l'avantage du contrôle automatique disparaît. Ces objections sont si graves, que M. Schanz s'est vu forcé d'en tenir compte. Il admet maintenant plus ou moins que les cotisations patronales, ainsi que les subventions officielles, forment un fonds spécial, auquel les sans-travail pourraient avoir recours après avoir épuisé leurs épargnes. Ceci est le projet du secrétaire ouvrier de Bâle, M. Wassilief, qu'on examinera à propos de la Suisse.

Mais cette correction détruit la belle simplicité du système de l'épargne obligatoire et oblige à créer une double organisation, plus compliquée de beaucoup que la simple assurance.

IX. — *Systèmes mixtes.* — On a déjà esquissé plus haut plusieurs des systèmes mixtes. Il est inutile de les reprendre ici, car il est peu des innombrables combinaisons qu'on peut prévoir entre les huit formes ci-dessus indiquées qui n'aient été tentées dans l'un ou l'autre projet. Presque tout ce que l'imagination peut rêver de combinaisons possibles a été proposé.

Attitude des patrons à l'égard de l'assurance contre le chômage. — On a vu plus haut l'attitude très sympathique de la classe ouvrière, des sociologues, des partis politiques et même des gouvernements à l'égard de l'assurance contre le chômage. Il a pu être affirmé devant le Reichstag, sans contradiction, que l'assurance contre le chômage était, avec l'assurance contre la maladie, la forme la plus populaire de l'assurance obligatoire.

Cependant les patrons se tiennent à cet égard dans une prudente réserve et si, de ci de là, quelqu'organe industriel s'est permis une incursion théorique dans le domaine, les rédacteurs de ces articles n'ont jamais ni pu, ni voulu, engager l'ensemble des patrons.

L'épargne en vue du chômage, pourvu qu'elle soit mise à la charge des ouvriers, ne répugnerait peut-être pas aux industriels, mais ce ne sera pas eux qui prendront l'initiative d'un projet de loi d'Empire.

A diverses reprises les représentants officiels de la grande industrie ont été amenés à s'occuper de cette question et ils se sont toujours prononcés contre l'introduction immédiate de l'assurance obligatoire contre le chômage. Mais ils redoutent une nouvelle imposition de l'industrie allemande plutôt qu'ils ne montrent une hostilité théorique contre cette forme d'assurance à laquelle la grande industrie paraît se résigner.

C'est ainsi qu'il y a quelques mois une grande réunion d'organisations patronales, tenue à Berlin, et où étaient représentées les associations de Berlin, Hambourg, Francfort, Essen, Bromberg, Kustrin, etc., a voté une résolution portant que « l'industrie allemande avait atteint la limite extrême des charges financières et qu'elle devait, partant, prendre nettement position contre toute nouvelle aggravation de celles-ci. Si le gouvernement, malgré les objections graves que rencontre la réalisation de l'assurance contre le chômage, devait néanmoins passer outre, les frais devraient en être mis à charge de l'ensemble des citoyens et non à charge des entrepreneurs d'industrie ».

Vers la même époque, le 28 novembre 1902, l'assemblée générale de l'Union des entrepreneurs du bâtiment, qui compte 5.700 membres, prenait la résolution suivante, où paraissent se refléter les mêmes préoccupations :

« L'assemblée générale se déclare nettement « opposée à une assurance-chômage obliga- « toire et de droit public et elle proteste con- « tre tout projet de grever davantage le com- « merce et l'industrie » (1).

Dans la petite industrie, l'esprit paraît très différent. Les patrons sont ici en rapports plus fréquents avec leurs ouvriers et les souffrances de ceux-ci sont un peu les leurs.

Mais la petite industrie, groupée spéciale- ment dans les corps de métiers, n'a pas de ces grandes réunions, où paraît se manifester la manière de voir de la majorité des affiliés. Aussi doit-on rechercher les sentiments collec- tifs de la petite industrie dans les assemblées locales.

Ce qui s'est passé à Francfort-sur-Mein est caractéristique à cet égard. En cette ville, comme en beaucoup d'autres, le Magistrat s'é- tait occupé de la question du chômage indus- triel et avait examiné la question de savoir si des propositions relatives à l'assurance contre

(1) *Bulletin de l'Office international du travail*, 1902, p. 699.

le chômage devaient être faites au Conseil communal (1). Il s'était mis, à ce sujet, en rapport avec diverses institutions et notamment avec les corps de métiers.

L'Association libre des patrons peintres, blanchisseurs et vernisseurs, avait, en conséquence, déjà projeté l'organisation d'une assurance contre le chômage avec des subventions communales. Cela a engagé l'ensemble des Corps de métiers (*Innungen*) de cette ville à prendre, dans une réunion générale, la résolution suivante :

« Les maîtres artisans (*Handwerksmeister*) de Francfort se placent résolument sur le terrain d'une assurance contre le chômage. Mais ils considèrent une loi d'Empire comme la seule solution possible de cette question difficile. Aussi l'assemblée rejette-t-elle de la manière la plus formelle les plans qui se sont fait jour dans l'assemblée des délégués communaux pour l'organisation d'une assurance par la commune, et engage les diverses corporations isolées à ne pas tenter à elles seules sans loi d'Empire le règlement de cette matière compliquée. »

(1) *Francfurter Zeitung*, 17 novembre 1902.

Résumé pour l'Allemagne.

Comme on a pu le voir dans les lignes qui précèdent, en dehors de quelques milieux patronaux qui redoutent la charge que leur imposera ce nouveau mode d'assurance, tout le monde admet l'assurance officielle contre le chômage. Les objections de principe qui paraissaient si graves et si décisives, il y a quelques années encore, n'inquiètent presque plus. Une seule objection théorique subsiste encore, bien affaiblie, il est vrai : la crainte de la simulation.

Mais on a déjà trouvé deux remèdes à ce danger : les bureaux de placement et la surveillance mutuelle, auxquels on s'efforce, par une formule qui n'a pas encore été trouvée avec précision, d'ajouter le contrôle et la responsabilité de l'industrie organisée dans les Corporations patronales, ou même des patrons individuels, responsables de l'irrégularité de l'emploi. Avec la persévérance qui le caractérise, l'Allemand recherche cette formule et il espère la trouver.

Les divers partis politiques ont émis des vœux sur la matière et il est remarquable que tous, souhaitant la généralisation de l'assurance officielle contre le chômage, ont soin de ne pas prendre parti sur les questions de systèmes avant que la Science allemande — et les gouvernements — ne soient parvenus à se mettre d'accord sur les détails de l'organisation.

Quand on lit successivement les ordres du jour votés par les partis qui ont tenu leurs congrès l'an passé, on recueille les déclarations suivantes : des démocrates socialistes du Centre, du *Freisinnige Volkspartei* et des nationalistes sociaux : « Une assurance contre le chômage qui n'est pas occasionné par la grève ou une faute immédiate de l'ouvrier, est impérieusement réclamée pour adoucir les conséquences du chômage » (1).

— « Pour protéger les ouvriers sans travail contre les conséquences du chômage, il faut recommander des institutions qui, avec la coopération des ouvriers et des patrons, ainsi que de l'Etat et des communes, donnent aux travailleurs la possibilité de se protéger avec efficacité

(1) *Nationalsozial Parteitag in Hannover*, 4 octobre 1902.

par l'assurance contre les conséquences du chômage » (1).

— « Le parti s'efforcera de développer toutes les assurances reposant sur la participation et la direction des travailleurs, et de faciliter la généralisation de l'assurance des veuves et orphelins et de celle contre le chômage » (2).

« Le Congrès émet le vœu de voir introduire l'assurance officielle contre le chômage » (3).

Comme on le voit, si les moyens d'en arriver à la généralisation de l'assurance contre le chômage sont encore fort discutés, et si on se tient à cet égard dans une prudente réserve, le but même à poursuivre, l'assurance officielle sur le chômage est admise par la grande majorité de l'Allemagne pensante.

Comme le disait fort justement M. Sonneman à la Conférence des Bourses du travail sur l'assurance contre le chômage, toutes ces discussions d'école n'ont qu'une importance fort accessoire. Les opinions étaient encore beau-

----

(1) *Assemblée générale des Catholiques d'Allemagne, réunie à Mannheim*, août 1902.

(2) *Septembertag* 1902 *der Freisinnige Volkspartei zu Hamburg.*

(3) *Résolutions du Congrès du parti socialiste démocratique allemand à Munich*, 14-20 septembre 1902.

coup moins arrêtées sur la question quand on a commencé devant le Parlement allemand, la discussion de la loi sur l'assurance contre les accidents. Tous les partisans de l'assurance officielle contre le chômage sont prêts à discuter de bonne foi les mérites de chaque système, et, sauf peut-être, les « inventeurs » de l'une ou de l'autre solution, chacun est désireux de se rallier à n'importe quel système qui se montrera pratique et réalisable.

Un homme qui en cette matière se défend des travers communs à tous les inventeurs, M. Em. Francke, l'un de ceux qui ont le plus d'influence dans ces milieux scientifiques et démocratiques qu'on appelait naguère socialistes de la chaire, s'efforçait dernièrement, dans sa revue *Soziale Praxis* (1), de démêler quelles étaient les tendances générales en cette matière. Il lui paraissait que les sympathies de son pays allaient vers un certain nombre de propositions qui peuvent provisoirement être formulées comme suit :

1° L'assurance doit être obligatoire ;

2° Les patrons, les ouvriers et l'Etat doivent y participer ;

(1) *Soziale Praxis*, n° 15, 9 janvier 1903, p. 374.

3° L'organisation doit être professionnelle ;

4° Il doit être tenu compte largement des circonstances locales ;

5° Il faut un mode d'assurance, non d'épargne ;

6° Il n'est pas nécessaire d'avoir une organisation unitaire et uniforme : il peut y avoir divers types de caisses ;

7° Les syndicats professionnels ouvriers doivent coopérer à l'œuvre ;

8° Le contrôle des Bourses du travail doit être constant.

Voilà quelques principes que la discussion a mis spécialement en lumière : il ne s'agit cependant pas encore là, d'un corps de doctrine arrêté : bien des points doivent encore être élucidés. Tout cela nécessite encore beaucoup de discussions et de contradictions. Mais l'accord se fait peu à peu et se manifestera mieux encore, dès que la crise industrielle, qui paraît s'être un peu apaisée, commencera de nouveau à sévir.

§ 4. — L'assurance contre le chômage en Suisse.

Le système des caisses locales d'assurance contre le chômage ne fait plus guère de pro-

grès en Suisse et il paraît être arrivé à la
période du piétinement sur place, qui précède
le recul. A Bâle et à Zurich, on ne parvient
toujours pas à trouver un système définitif, à
Saint-Gall, l'échec a été complet, et à Berne
les progrès sont des plus lents. La réalité n'y
correspond guère aux espérances qu'on avait
formées lors de la création de l'institution.

Des projets de caisses d'épargne obligatoire
en vue du chômage ont été formulés et ont
rencontré un certain succès dans les milieux industriels. Notamment à Zurich, l'Union suisse
du commerce et de l'industrie a rédigé tout un
système fort bien accueilli par beaucoup de
patrons (1).

De son côté, le secrétaire ouvrier, le Dr Wassilief, a formulé pour Berne un intéressant
projet, combinant les avantages de l'assurance
avec ceux de l'épargne. Dans ce système qui
mérite d'être signalé (2) et auquel M. Schanz
paraît se rallier, les ouvriers seront obligés de
verser des cotisations dans une caisse d'épargne spéciale. Ces épargnes individuelles devront

(1) Schanz, *Dritter Beitrag zur Frage der Arbeitslosenversicherung*, 287-294.
(2) *Ibidem*, 120-135.

s'élever à la somme de trente francs inscrite au crédit du membre qui est dès lors qualifié pour recevoir des indemnités.

De leur côté les patrons devront former un fonds spécial ; leurs cotisations varieront suivant des principes qui seront à établir d'après les résultats de l'expérience et l'importance des charges que chacun imposera à la caisse. Ces versements différeront suivant les métiers et les circonstances personnelles.

Lorsqu'un ouvrier sera atteint par le chômage, il prélèvera hebdomadairement sur le montant de ses épargnes une somme de 7 fr. 50, à laquelle le fonds patronal ajoutera une somme égale. L'encaisse d'épargne, qui sera généralement de 30 francs, étant épuisée au bout de quatre semaines, le canton donnera une cinquième semaine d'indemnité qui s'élèvera à 12 francs. A partir de la sixième semaine, les indemnités seront à la charge exclusive de la commune et continueront à être payées aussi longtemps que le bureau de placement officiel ne sera pas parvenu à trouver un emploi au chômeur. Tout le système fonctionnera sous le contrôle de commissions patronales, gouvernementales et communales. Le chômage sera à tout moment étroitement contrôlé par la Bourse du travail qui confiera les emplois vacants qui lui seront signalés, de préférence aux sans-travail ainsi indemnisés.

MM. Schanz et Hofmann se livrent à une longue critique des avantages et inconvénients de ce système : leur examen nous entraînerait trop loin. Qu'il suffise de dire ici, que le projet a réuni beaucoup de sympathies, spécialement parmi les patrons.

Mais comme tous les autres systèmes suisses obligatoires, ce n'est qu'un projet, il n'a pas reçu la consécration de l'expérience.

Dans les diverses villes qui s'étaient mises à la tête du mouvement de création de caisses de chômage, on continue à discuter des projets, mais le peuple rejette imperturbablement tout ce qui lui est soumis, de telle sorte que l'enthousiasme commence à baisser.

A Bâle-Ville, le gouvernement a dernièrement nommé à nouveau une commission, permanente cette fois, pour étudier le chômage. Cette commission s'est subdivisée en trois sous-commissions, chargées, la première de la question des secours immédiats aux chômeurs dans le besoin, la seconde, de celle de l'assurance, la troisième, du placement et de la création de travail. A part cela, la commission, nommée depuis peu d'ailleurs, n'a guère donné signe de vie (1).

A Zurich, où tant de projets sont déjà éclos — et morts — un volontaire du bureau de statistique, M. Friedrich Osmer, de Brême (2), a, à nouveau, élaboré un projet d'assurance obligatoire qui confie l'organisation à des associations de patrons. Ceux-ci auront, partant, à payer la majeure partie des frais de l'œuvre. Mais le système n'a pas encore subi le feu de la discussion. L'attitude peu sympathique du grand Conseil de l'Etat de Zurich qui, le 2 février de cette année, a encore rejeté une proposition tendant à voir le gouvernement supporter une partie des charges amenées par le chômage extraordinaire et assumées par les communes, n'est pas faite

(1) Nationalrat Dr Hofmann, Frauenfeld, *Die Frage der Arbeitslosenversicherung in der Schweiz, Soziale Praxis,* 4 juin 1903.

(2) *Die Ergebnisse der Eidgenossischen Volkszählung vom 1 Dezember 1900, in der Stadt Zurich, bearbeitet vom statistischen Amte der Stadt Zurich 2 Heft. Methode ünd Ergebnisse der Arbeitslosenzählung im Dezember 1900, mit einem Anhang zur Arbeitslosenversicherung,* Zurich, 1902, p. 36.

pour encourager la ville de Zurich à se lancer dans cette voie.

Cette opposition, actuellement très marquée, des gouvernements des Cantons contre l'assurance contre le chômage est d'ailleurs un phénomène caractéristique du moment actuel dans l'évolution économique du peuple suisse. De plus en plus deux partis se dessinent dans les conseils : le parti des ruraux en face du parti des citadins. Les premiers sont bien décidés à combattre toutes les mesures qui auraient pour effet de développer l'attraction déjà si forte que les villes exercent sur les campagnes et à empêcher ainsi le dépeuplement des villages et la raréfaction des travailleurs agricoles. Or, à tort ou à raison, on croit que la création de Caisses d'assurance contre le chômage augmentera la « marche vers les villes ». Aussi les députés ruraux, en majorité dans presque tous les conseils cantonaux, se joignent aux partis les plus conservateurs pour refuser toute subvention aux communes qui se lancent dans cette voie. Celles-ci se trouvent réduites à leurs seules ressources et elles hésitent à supporter les frais considérables de cette organisation.

A Berne, l'organisation facultative de la

Caisse de chômage (Voir plus haut, p. 23), ne fait plus beaucoup de progrès et on commence même à abandonner le système du « facultatif ». Déjà un premier et important accroc a été porté au principe, en ce que les ouvriers communaux ont été obligés de faire partie de la caisse. Mais le système ne satisfait pas encore et le groupe socialiste démocratique vient à nouveau d'introduire une demande de revision complète.

Comme on le voit, l'assurance contre le chômage ne fait guère de progrès actuellement. Par contre, le système les secours spéciaux aux chômeurs domiciliés, qui a été inauguré en diverses villes, continue à se développer ; comme il ne s'agit pas là d'un système d'assurance, mais bien d'aumônes spéciales, il n'y a pas lieu de s'en occuper ici.

Le système des subventions aux syndicats commence aussi à être sérieusement discuté et à rallier autour de lui des sympathies puissantes.

Il a été, pour la première fois en Suisse, nettement formulé dans un rapport du secrétaire ouvrier national Hermann Greulich, adressé au département suisse de l'industrie, en 1901 (1).

Après avoir exposé longuement l'importance du chômage industriel et montré les moyens les plus efficaces qui ont été préconisés pour y porter remède, après avoir fait une étude spéciale des bureaux de placement, le Secrétaire ouvrier conclut comme·il suit en ce qui concerne l'assurance contre le chômage :

« La Confédération devra, dans des conditions déterminées par les règlements et affiliations, payer une subvention à tous les syndicats de travailleurs qui introduisent l'assurance contre le chômage et majorent de ce chef leurs cotisations de 10 centimes par semaine, ou tout au moins de 40 centimes par mois. Cette subvention, destinée à la constitution d'un fonds de premier établissement, sera de 2 francs par membre et sera payée aussitôt que la cotisation majorée aura été en vigueur pendant six mois.

« En outre, les syndicats doivent transmettre au département compétent les dispositions statutaires qui règlent les indemnités de chômage,

(1) *Arbeitslosen Unterstützung und Arbeitsnachweis. Bericht an das Schweiz. Industriedepartement , vom Schweizerischen Arbeitersekretariat*, Zurich, 1901, 287 p.

ainsi que tous les ans leurs comptes et l'état des secours remis aux sans-travail pendant l'année écoulée. Après approbation de ces comptes, ils recevront une subvention fédérale qui représentera la moitié des secours distribués. »

Après avoir ainsi demandé des subventions très libérales en faveur des syndicats, le secrétaire ouvrier propose également d'encourager la fondation de caisses officielles de chômage sur le modèle de celles qui existent déjà, ou sont projetées.

« La Confédération donnera une subvention aux communes qui introduiront l'assurance obligatoire contre le chômage dans les conditions suivantes :

« 1° Les ouvriers assurés supporteront environ 60 p. 100 des frais de l'assurance : la répartition des ouvriers entre les diverses classes sera l'affaire des diverses communes ;

« 2° Pour ce qui est du surplus du coût de l'assurance, la Confédération en couvrira un tiers lorsque les communes et les cantons en feront autant ;

« 3° Les industriels ne devront payer de cotisation que pour permettre de donner certains secours aux ouvriers en voyage ;

« 4° Les ouvriers assurés participeront à l'administration de la caisse et auront un nombre de représentants proportionné à l'importance de leurs cotisations ;

« 5° Les statuts et règlements d'assurance devront recevoir l'approbation du Conseil fédéral.

Après avoir ainsi fait également accueil aux deux systèmes principaux d'organisation pratique d'assurance contre le chômage, M. Greulich s'efforce de calculer les frais qu'entraînerait cette intervention. En admettant, dit-il, ce qui est un maximum qui ne sera pas atteint avant de nombreuses années, que le nombre des syndiqués assurés contre le chômage atteigne 100.000 — il ne dépasse pas 35.000, actuellement en tout — on pourrait évaluer la subvention fédérale à 160.000 francs. Quant aux subventions aux caisses communales, en admettant que toutes les dix-huit communes de plus de 10.000 habitants adhèrent, la subvention gouvernementale ne devrait pas encore dépasser 150.000 francs. On voit par là qu'il faudra du temps encore avant que ces deux subventions réunies s'élèvent à trois cent mille francs par an.

13.

Ces conclusions ont été transmises au gouvernement qui prépare actuellement un rapport et s'apprête à faire des propositions en cette matière. Les matériaux sont réunis et le rapport du Conseil fédéral à l'assemblée fédérale sur la matière des bureaux publics de placement et de la protection contre le chômage involontaire sera transmis dans le courant de cette année (1).

En attendant, l'opinion publique semble montrer des sympathies réelles pour les subventions à l'assurance syndicale contre le chômage. Divers congrès ouvriers ont porté la question à l'ordre du jour et ont entendu des rapports fort sympathiques.

Des partisans du système de l'assurance obligatoire contre le chômage, comme M. Herkner (2), comme M. Hofmann (3), déclarent que le système paraît avoir de l'avenir dans un pays démocratique comme la Suisse ; on espère notamment, par une étroite coopération entre

(1) *Rapport du département fédéral de l'industrie sur sa gestion en* 1902, *Feuille fédérale suisse,* n° 14, p. 462.

(2) *Dritte Verbandsversammlung und Arbeitsnachweis Konferenz in Berlin,* p. 125.

(3) *Soziale Praxis,* n° 36, 1903, p. 958.

l'assurance syndicale et les caisses communales, parvenir à diminuer les difficultés de l'assurance obligatoire.

Déjà on signale à Bâle un commencement d'application du système des encouragements aux Unions ouvrières s'occupant d'assurance contre le chômage.

Depuis un couple d'années, le grand Conseil de Bâle alloue, en effet, une subvention à la Caisse de chômage de la Ligue ouvrière de Bâle. Cette subvention était à l'origine de 1.000 francs. Elle a été portée cette année-ci à 3.000 francs, sur la proposition du Dr Wassilief, président de cette œuvre.

Fondée le 15 avril 1901, avec 100 membres, cette caisse en comptait au 10 avril 1902, 866 effectifs (dont 384 ouvriers du bâtiment, 113 du bois, 119 des métaux, 100 des produits chimiques, etc.) et 100 passifs ou honoraires. Les membres des divers métiers payent tous les mêmes cotisations, variant suivant l'importance du salaire de 0 fr. 40 à 0 fr. 60. Ils touchent des indemnités variant de 1 franc à 1 fr. 50 suivant la durée de la participation à la caisse (1).

(1) *Statuten der Arbeitslosenkasse des Arbeiterbundes Basel*, Basel, 1902, Birkaüser.

Le premier rapport annuel seul a paru (1). Il ne se rapporte qu'à une demi-année assez incomplète de distribution de secours, les membres devant être affiliés depuis six mois avant d'avoir droit aux indemnités. En tout cas, il y a lieu de remarquer que, pendant cette première année, les cotisations des membres n'ont produit que 2.161 fr. 60 sur un budget de 5.146 fr. 40. Le reste provenait : 1.355 francs des cotisations des membres honoraires, 1.000 francs de la subvention gouvernementale, 1000 francs de la subvention de la Société coopérative de consommation et 552 fr. 85 d'autres donations.

Ces résultats ne sont pas encore assez décisifs pour qu'il soit possible d'en tirer des conclusions bien nettes. L'institution, d'ailleurs fort intéressante, n'a pas, à notre connaissance, été imitée ailleurs en Suisse. Avec un caractère plus démocratique, une participation plus directe de la classe ouvrière, cette œuvre-ci paraît se rapprocher assez de celle réalisée à Cologne.

(1) *Bericht des Basler Arbeitersekretariat* (1902, n° 6), *Arbeitslosen Kasse der Arbeiter bundes Basel. I Jahresbericht*, 15 *april* 1901 *bis* 15 *april* 1902.

§ 5. — L'assurance contre le chômage dans les pays scandinaves.

I. — *En Danemark.*

Jusqu'à ces dernières années, l'Angleterre a été considérée par excellence comme le pays de l'organisation syndicale et ses Trade-Unions étaient représentées comme les meilleurs types de syndicats ouvriers.

Les derniers temps, la situation a beaucoup changé et lorsque dans les milieux ouvriers, on parle d'organisation syndicale modèle, c'est vers la *Samvirkende Fagforbund* du Danemark que se tournent bien des regards.

En 1900, cette Fédération ouvrière, socialiste, renfermait 42 grandes Unions professionnelles, groupant 1904 syndicats et 83.110 membres, tandis que 13.185 ouvriers étaient fédérés en dehors de cette organisation (1). Ces chiffres sont énormes, si l'on songe que le pays est petit et peu industriel : c'est là 77 p. 100 du nombre

(1) *Rapport du Mouvement syndical ouvrier en Danemark, septembre* 1900, par J. Jensen, président des syndicats ouvriers réunis du Danemark (actuellement bourgmestre de Copenhague).

des ouvriers d'industrie et dans certains métiers importants, comme ceux du bâtiment, la proportion monte à 96 p. 100.

Ces syndicats sont particulièrement pratiquants de l'assurance contre le chômage et dans les années de crise de 1900 et 1901, on les a vu dépenser 236.000 et 320.000 kr., soit près de 500.000 francs en un an ! C'est que la proportion du chômage était colossale : pour le mois de novembre, elle atteignait, en 1899, 6 p. 100 des syndiqués ; en 1900, 17 p. 100 ; en 1901, 21 p. 100 ; proportion presque inconnue dans nos pays.

Aussi divers projets furent-ils formulés pour venir en aide aux sans-travail.

Les députés socialistes déposèrent le 7 décembre 1901 au Folketing quatre projets de loi (1) dont le premier avait pour but de donner des subventions d'Etat aux caisses de secours syndicales en faveur des chômeurs (2). Les autres projets se rapportaient à la réduction de la journée de travail, aux moyens de

(1) *Folketing*, 1901-1902. *Lovforslag*, 38, 39, 40 et 42.
(2) *Proposition de loi concernant des contributions de la Caisse de l'Etat aux caisses de secours pour les sans-travail.*

remédier au chômage extraordinaire, à l'entretien et à l'alimentation des enfants des écoles publiques.

Le premier de ces projets, qui nous intéresse plus spécialement, stipulait qu'une somme de 500.000 couronnes (700.000 fr.) serait remise chaque année aux syndicats ouvriers professionnels qui ont pour but de secourir leurs adhérents en cas de manque de travail et de chômage involontaire et immérité.

D'après le projet, ces subventions doivent être réparties entre les associations au prorata du nombre de leurs adhérents, proportionnellement aux cotisations payées en vue du chômage. Elles peuvent atteindre au maximum le double des contributions des membres, sans toutefois pouvoir dépasser 10 kronor par an et par membre.

Les associations ainsi subventionnées doivent envoyer des rapports annuels sur l'assistance aux sans-travail.

La loi aurait dû entrer en vigueur le 1er avril 1902, et être réexaminée pendant la session de 1904-1905.

Cette proposition fut, après un vif débat, renvoyée à une commission, qui fit son rapport le 17 mai 1902.

Une annexe très considérable, contenant toute l'histoire de l'assurance syndicale contre le chômage, en Danemark, avait été jointe à ce rapport par le Samvirkende Fagforbund (1). Mais depuis l'arrivée au pouvoir du parti radical danois, celui-ci s'est séparé du parti socialiste et la proposition ne fut pas produite en ordre utile pour être discutée au cours de cette session (2). D'ailleurs la prétention de remettre directement des subventions de l'Etat à des institutions qui sont presque toutes foncièrement socialistes ne rencontrait pas beaucoup de sympathies dans le Parlement danois.

Le 8 décembre 1902, la proposition fut déposée à nouveau avec quelques légères modifications de formes. L'accueil qu'elle reçut de la majorité du Folketing ne fut pas très favorable. L'orateur du gouvernement déclara, au nom de son parti, que le projet ne pouvait être pris en considération parce que dans leur forme actuelle, les syndicats étaient des institutions de

(1) *Til Lovforslag*, nᵒˢ 38, 39, 40, 41, 42. *Folketing*, 1901-1902. Blad 301. L. P. Ovesen. Beretning ; *Bilag Arbejdslosheden i Danmark vinteren*, 1901-1902, *en Oversigt over de fri Fattigkassers Virsomhed*, 1897-1901.

(2) Zacher, *Zur Arbeitslosenversicherung in Dänemark. Soziale Praxis*, 30 avril 1903, n° 31, p. 818.

guerre et qu'on ne pouvait les fortifier en leur remettant directement des subventions d'Etat.

La question de l'organisation de l'assurance contre le chômage resta cependant au premier plan des préoccupations du Parlement. En séance du 27 janvier 1903, le Folketing décida unanimement de demander au gouvernement de nommer une commission chargée d'étudier la question de la réorganisation de toutes les assurances sociales, et spécialement celles contre les conséquences de l'invalidité et du chômage.

Le gouvernement se hâta de déposer en conséquence une proposition de loi créant la commission demandée. Dans quel sens se prononcera-t-elle ? Il est trop tôt pour le dire, mais il paraît bien que le système des subventions aux Unions professionnelles a de grandes chances de l'emporter sous une forme ou une autre. L'assurance obligatoire a d'ailleurs aussi des partisans convaincus.

Remarquons d'abord que le Danemark ne possède pas les grands palais de l'assurance dont on est si fier en Allemagne, et que l'on y préfère généralement des solutions moins complètes sans doute, mais plus simples et plus économiques.

C'est ainsi qu'en ce qui concerne l'assurance contre la maladie, les caisses particulières de secours mutuels, administrées par les ouvriers, reçoivent des subventions importantes de l'État pour l'organisation de ce service public. Par ce procédé, on est parvenu, paraît-il, à donner un tel développement à l'assurance, que ses résultats sont comparables à ceux obtenus par l'assurance obligatoire allemande.

Ajoutons-y que le développement pris par les Unions professionnelles danoises, groupant dès à présent les trois quarts de la classe ouvrière, affaiblit singulièrement l'argument si souvent employé en Allemagne, que le mode des subventions aux syndicats ne permet pas une généralisation suffisante de l'assurance contre le chômage.

Les intéressés, les syndicats professionnels ouvriers ont déjà pris nettement parti (1).

Le Congrès annuel de la Ligue coopérative des syndicats danois s'est réuni cette année à Copenhague, les **24** et **25** avril 1903. Constatant que même en avril le chômage atteint encore 16 p 100 des syndiqués, il a pris une résolu-

(1) *Correspondenzblatt der Gewerkschaften Deutschlands*, 1903, p. 302.

tion au sujet de l'attitude de l'Etat et des communes dans la lutte contre le chômage. Il a
exprimé sa reconnaissance aux députés de la
démocratie socialiste pour leur attitude au Parlement et leur campagne en vue d'obtenir des
subventions publiques pour les œuvres syndicales de secours aux chômeurs ; il a blâmé la
majorité du Folketing qui n'a pas adopté les
propositions socialistes. Cette question, avait-
on décidé déjà, devait servir de pierre de touche
de la valeur des candidats aux prochaines élec-
tions générales.

Le succès remporté, il y a quelques mois, par
le parti socialiste qui a vu le nombre de ses
partisans augmenter en 2 ans de plus de 30
p. 100, n'est peut-être pas tout à fait étranger
à cette manifestation.

Plus intéressante à bien des égards, est l'attitude que prennent les éléments scientifiques
de la nation.

Le 15 janvier 1903, l'Association d'Economie
nationale (1) a porté la question à l'ordre du jour
et le rapporteur, le savant professeur à l'Uni-

(1) *National ökonomisk Tidskrift*, 2 *del Hefte mars april*
1903. *Forsikring mod Arbejdslöshed, af Harald Westergaard*, p. 129-154.

versité de Copenhague, M. Harald Westergaard comme la majorité de l'Assemblée, déclaraient vouloir une solution nationale. Ils affirmaient que pour le Danemark, cette solution ne pouvait être trouvée qu'avec l'accord et par l'intermédiaire des syndicats ouvriers, qui dès à présent groupent dans leur sein la majorité de la classe ouvrière et ont déjà consacré avec succès leur activité à ce genre d'assurance. L'Etat, comme pour les caisses de malades, devrait pouvoir contrôler la durée, l'importance et la nature des secours et il donnerait alors des subventions officielles. Ces subventions pourraient surtout utilement être octroyées aux associations professionnelles qui s'étendraient à tout le pays.

L'opposition contre le projet de loi socialiste, d'abord très vive dans les milieux radicaux et conservateurs, paraît avoir sensiblement diminué.

En tout cas, le 3 mars 1903, on a vu le député de droite, Paul Rasmussen, présenter un projet de loi sur les caisses de chômage reconnues (1).

(1) *Lovforslag*, n° 57, *Folketinget*, 1902-1903, *Blad* n° 139, *Forslag til Lov om Anerkendte Arbejdslöshed-kasser.*

Lui aussi propose d'allouer dès maintenant des subventions à concurrence de 120.000 couronnes aux associations qui feraient reconnaître leurs caisses de chômage et donneraient des indemnités à leurs membres atteints par le chômage involontaire. Ce projet de loi s'inspire fortement de la loi danoise du 12 avril 1892 qui donne des subventions aux caisses de malades.

On voit par ces quelques renseignements, combien, en Danemark, la question du chômage préoccupe l'opinion publique. A Copenhague, dans diverses autres communes aussi, la question des secours aux sans-travail a été portée à l'ordre du jour des Conseils communaux et a fait l'objet de discussions ardentes.

Dans les autres pays scandinaves, la question de l'assurance contre le chômage n'a pas pris les mêmes développements.

II. — *En Norvège.*

Sans avoir égalé jusqu'ici l'importance du mouvement en Danemark, les syndicats font des progrès sérieux en Norvège. C'est ainsi que l'Association des travailleurs des métaux compte actuellement plus de 5.000 membres, soit plus de 65 p. 100 du nombre de ceux qui exercent le métier. En même temps que se développe et s'affermit le mouvement, l'assurance contre le chômage prend une extension nouvelle. Les statistiques, faute d'organisation centrale admise par tous, sont fort incomplètes, mais elles permettent de voir que cette assurance se développe rapidement. Neuf syndicats sur lesquels la statistique avait pu porter(1) en 1900 et 1901, y avaient consacré successivement 17.045 et 25.155 couronnes, tandis que, pendant les trois premiers trimestres de 1902, quatre de ces neuf organisations y avaient déjà employé 25.658 couronnes.

Cette augmentation a inquiété les ouvriers norvégiens. Au seizième congrès du parti ouvrier socialiste de Norvège, tenu à Trondjem en août 1902, il a été décidé que le devoir de l'Etat et des communes était de remettre une subvention aux caisses d'assurance contre le chômage créées par les organisations syndicales (2).

' Le Comité du Parti ouvrier norvégien s'en-

(1) *Soziale Praxis*, 1902, n° 13, p. 338, 25 décembre 1902.

(2) *Correspondenzblatt der Gewerkschaften Deutschlands*, 1902, p. 637.

tendit avec le secrétariat des organisations nationales et syndicales pour envoyer une requête au Storthing. Il y suppliait instamment le Parlement de voter une résolution mettant à la disposition du gouvernement une subvention à déterminer chaque année, qui serait répartie entre les différentes organisations, selon le nombre de leurs membres et les sommes consacrées à l'indemnisation des ouvriers sans travail.

La subvention de l'Etat devait être au moins du triple de la cotisation des membres, mais ne pouvait dépasser quinze couronnes par an et par membre. Pour obtenir de l'Etat cette contribution, les caisses de secours étaient astreintes à ne soutenir que les chômeurs involontaires et à adresser tous les ans un rapport sur leurs travaux au gouvernement.

Comme il paraissait probable qu'une loi dans le sens préconisé ne pourrait être votée avant un certain temps, le même document priait encore le Storthing d'accorder immédiatement au gouvernement, pour l'année financière courante, un premier subside de 25.000 couronnes, qui serait porté l'année suivante à 50.000.

Une démonstration complète de l'importance du chômage dans les diverses branches d'industrie et de l'activité des divers syndicats en la matière était annexée à la requête.

Cette demande, à laquelle était venue se joindre d'autres réclamations adressées directement par les sans-travail, et tendant à obtenir des aumônes et des travaux publics, fut examinée en commission, mais personne n'en proposa l'adoption textuelle.

La minorité de la commission du Storthing proposa toutefois d'allouer 16.000 couronnes pour les caisses de secours contre le chômage. En séance plénière, la proposition de la minorité fut également rejetée par 80 voix contre 29.

Cependant on reconnut au cours de la discussion toute l'importance de la question de l'assurance contre le chômage et il fut décidé, sans contradiction, de demander au gouvernement de faire les études nécessaires à ce sujet.

Ici non plus la question n'est donc pas vidée.

§ 6. — L'assurance contre le chômage en France.

On peut s'étonner que les ouvriers français, toujours si prêts à proclamer leur esprit de solidarité et d'assistance mutuelle, n'aient pas adopté davantage dans leurs syndicats l'organisation de l'assurance contre le chômage. C'est peut-être que si la conception prompte du bien et du beau se trouve plus largement représentée qu'ailleurs, et s'il est par là facile d'enflammer les enthousiasmes, le lent et patient effort, sans cesse renouvelé, pour obtenir pas à pas une concession, n'est pas dans la nature du caractère gaulois autant que dans celle du germanique. Celui-ci croit qu'on réalise plus avec de l'argent et de la patience, qu'avec des discours et des enthousiasmes. Conceptions différentes, toutes deux vraies et bonnes sans doute pour le milieu où elles se produisent, mais qui doivent aboutir à l'usage de moyens différents.

L'organisation de l'assurance contre le chômage est une mesure qui réclame impérieusement le versement régulier de cotisations élevées : de là probablement le retard mis au développement de cette assurance dans les syndicats français.

Ce n'est pas que les syndiqués français, toujours pleins de bonnes intentions, hésitent à inscrire dans leurs statuts l'assurance contre le chômage. Bien au contraire, dès avant 1894, on constatait (1) que 487 syndicats français s'étaient proposés de venir en aide à leurs membres en cas de chômage. 184 avaient même déterminé avec précision le taux de l'indemnité quotidienne ou hebdomadaire qui serait allouée aux chômeurs.

Mais l'Office du travail a voulu à cette époque rechercher quels étaient les secours réellement distribués et en 1895 il envoya à ce sujet 487 questionnaires demandant aux syndicats des renseignements sur les progrès de caisses d'assurance contre le chômage. Les réponses ne furent pas brillantes.

241 syndicats ne répondirent même pas au questionnaire : et on peut croire que bien peu d'entre eux avaient une organisation satisfaisante.

159 n'avaient pas donné suite à leur décision, ou avaient dû renoncer à l'organisation de ce secours trop onéreux.

87 seulement possédaient encore des caisses de chômage, mais 16 d'entre eux n'avaient dis-

(1) Minis ère du commerce, etc. Office du Travail, *Documents   le chômage*, Paris, 1896, p. 55-57.

tribué aucun secours en 1894 et pour six autres la caisse n'avait pas encore fonctionné.

Aussi sur 487 syndicats indiqués dans les statistiques comme possédant des caisses de chômage, n'y en avait-il réellement que 66 qui déclarèrent avoir distribué à leurs 14,601 membres des secours de chômage pour un total de 75.440 fr. 65.

Parmi ces rares syndicats.23 avec 2.729 membres, ayant dépensé 5.924 fr.14, appartenaient à l'industrie du Livre, 3 avec 941 membres, ayant dépensé 46.968 fr. 05, appartenaient à l'industrie des peaux.

Défalcation faite de ces deux industries minuscules, l'assurance contre le chômage n'était donc représentée en 1894 dans toute l'industrie française que par 40 syndicats avec 10.831 membres et 22.548 fr. 45 de secours.

C'était peu !

Depuis lors, l'assurance contre le chômage a fait des progrès, mais il manque une bonne statistique générale mesurant le chemin parcouru (1).

(1) Depuis la rédaction de ces lignes, la Commission permanente du Conseil supérieur du travail a publié les résultats d'une enquête spéciale sur les caisses de chô-

Le groupe syndical qui a fait les progrès les
plus remarquables est celui des travailleurs du
Livre, qui, en France, comme dans presque tous
les pays, remplit son rôle d'initiatuer en matière
d'organisation ouvrière et de transformation
des formes syndicales momentanées et primi-
tives, de combat, en institutions stables et défi-
nitives, de secours.

Pour l'ensemble de la Fédération du Livre,
le secours de chômage a été organisé depuis

mage françaises, qui vient combler cette lacune. Les recherches opérées cette année ont permis de retrouver
2 caisses patronales et 148 caisses ouvrières de chômage.

Parmi ces dernières figure la Fédération du Livre dont
il est parlé ci-dessus et qui compte actuellement 162 sections avec 10.554 membres.

Toutes les autres caisses sont locales : 145 sont syndicales. Parmi les caisses ouvrières locales :

96 ont 100 membres et moins. .	3.850	membres.
47 » de 160 à 500 membres. .	8.866	»
5 » de 501 à 3.000 » . .	7.027	»
148	19.743	»

285 caisses et sections avec 28.209 membres ont com-
muniqué les résultats financiers de l'exercice 1902. Sur
182.269 francs de recettes, les cotisations entrent pour
113.769 francs. Les dépenses ont été de 227.648 francs,
dont 188.940 francs d'indemnité de chômage.

La situation financière de la plupart de ces caisses
paraît donc laisser encore quelque peu à désirer.

1901 et il donne maintenant des résultats tout
à fait satisfaisants (1). L'an passé, 1.052 chômeurs ont obtenu 43.792 francs de secours de
chômage et malgré l'augmentation considérable des cotisations et la douloureuse nécessité
de les payer régulièrement, le nombre des
membres a passé en un an de 9.989 à 10.592.

Ce résultat, hautement encourageant, suffit
à montrer que le travailleur français sait aussi
s'organiser pour des buts pratiques, s'imposer
des sacrifices pour l'avenir et créer des institutions financières.

La Fédération du Livre, grâce à des organisateurs éminents et savants, comme M.
Keüfer, est parvenue à créer une institution
qui paraît digne des meilleures Trade-Unions
anglaises.

Mais jusqu'en ces dernières années, ce n'était
en général pas de cette manière financière
qu'on considérait l'œuvre syndicale dans l'assurance contre le chômage.

Un des hommes qui représentaient le mieux

(1) *Bulletin de l'Office du travail*, 10ᵉ année, nᵒ 6,
juin 1903 ; *Les indemnités de chômage, de maladie et
de voyage de la Fédération du Livre pendant l'année* 1902,
p. 485-488.

14.

le mouvement syndical français de son temps, encore bien proche de nous, M. Fernand Pelloutier (1), donne au sujet du secours de chômage et de son extension en France, des renseignements fort intéressants, qui montrent combien ce secours était autrement conçu que dans les pays germaniques, anglo-saxons et scandinaves.

« Le secours de chômage, dit-il, après avoir joui, il y a une vingtaine d'années, d'une grande faveur, puis être tombé momentanément en discrédit, à cause des *charges* qu'il imposait aux syndicats, tend depuis l'institution des Bourses du travail à rentrer en grâce.

« Mais il n'est plus comme jadis donné à titre de secours : les Bourses ont, en effet, répudié le mutuellisme *humiliant* et d'ailleurs inefficace des syndicats de 1875 pour adopter le mutuellisme proudhonnien : le secours de chômage est considéré comme le payement d'une dette de solidarité, contractée par les syndiqués les uns envers les autres, et surtout comme le moyen de soustraire le chômeur aux offres de travail déprécié.

(1) *Histoire des Bourses du travail*, Paris, 1902, p. 89-93.

« Les caisses de chômage des Bourses du travail s'alimentent, soit par des subventions spéciales ou par des prélèvements déterminés par la subvention normale, soit par une cotisation des syndicats et le produit de collectes opérées dans les fêtes et les réunions corporatives. Il faut se hâter de dire d'ailleurs que les subventions accordées dans ce but sont rares et que les municipalités inclinent à les supprimer...

« Malgré l'excellente organisation de ces services, ils présentent dans l'ensemble un certain nombre d'inconvénients qu'un instant de réflexion fait apparaître..... »

Le charme des mots et l'habileté de l'exposition de M. Pelloutier ne permettent pas de dissimuler tout à fait que le secours de chômage, ainsi compris, n'est qu'une aumône, non un droit contractuel que l'assuré peut revendiquer sans nuire à sa dignité d'homme : un monde au point de vue moral sépare ces deux modes de distribution.

C'est ce qu'on commence à comprendre même dans le parti socialiste français, qui, à son Congrès de Tours, du 2 au 4 mars 1902, a réclamé l'organisation par la nation pour tous les travailleurs de l'assurance sociale contre tous les risques naturels et économiques : maladie, accident, invalidité, vieillesse et chômage. A cet effet, il demande la constitution d'un fonds d'assurance sans prélèvement sur les salaires, ou tout au moins la limitation du prélèvement ouvrier au tiers de la contribution totale.

Les pouvoirs publics, où l'élément démocratique est si influent, ne restent d'ailleurs pas indifférents aux tentatives faites par les ouvriers pour s'assurer contre les conséquences du manque de travail.

La ville de Dijon mérite à ce sujet une mention tout à fait spéciale, car, la première du monde entier, elle a compris, dès 1896, que l'association qui impose des sacrifices à ses membres pour les mettre à l'abri du besoin en cas de chômage, remplit une mission sociale pour laquelle elle mérite l'encouragement des pouvoirs publics.

Dès le 7 octobre 1896 (1), le conseil municipal de Dijon, alors socialiste, votait sur le rapport du citoyen Marpaux, à l'unanimité moins deux voix, un système de subventions aux caisses syndicales d'assurance contre le chômage. Une somme de 10.000 francs était portée au budget

(1) *Extrait du registre des délibérations du conseil municipal de la ville de Dijon.*

pour couvrir le déficit des caisses de chômage, afin que le syndicat n'eut qu'à supporter un quart des frais de cette organisation. Ces subsides n'étaient alloués que pour autant qu'il y eût déficit dans la caisse, et dans la mesure de celui-ci. Les résultats financiers de l'assurance contre le chômage devaient être contrôlés par la Bourse du travail. Celle-ci était autorisée à majorer encore ce maximum du triple de l'effort personnel, lorsque régnait un besoin ou un chômage extraordinaire.

La proposition avait pour but « d'obliger en quelque sorte les ouvriers à s'occuper de leurs intérêts eux-mêmes : pour toucher des secours de chômage, il faut que les ouvriers y mettent du leur ; qu'ils fassent preuve de bonne volonté, qu'ils groupent leurs efforts pour fonder et gérer des sociétés ayant existence légale et personnalité civile, qu'ils fassent en un mot acte de citoyen ».

La décision du conseil municipal eut pour résultat d'attirer l'attention de la classe ouvrière vers l'assurance contre le chômage et de nombreux syndicats fondèrent des caisses de chômage. Mais les secours alloués, limités par le montant des cotisations, n'étaient pas considérables, de telle sorte que presque jamais le subside ne devait être dépensé complètement.

Cependant, dès le 20 février 1900, sur le rapport encore du citoyen Marpaux, on voulut assurer la perpétuité à cette œuvre, en la rendant acceptable par tous les partis susceptibles d'entrer au conseil communal. Bien que les intéressés ne se fussent pas encore engagés franchement dans la voie qui leur avait été ouverte, et que ce ne fût pas une raison budgétaire qui ait amené la revision du règlement », on décida de réduire le maximum de la subvention communale à une somme, au plus égale au déficit de la caisse de chômage, jusqu'à concurrence du montant des cotisations perçues. Certaines restrictions étaient également votées au sujet du montant maximum de l'indemnité quotidienne de chômage et de la durée du domicile à Dijon.

C'est avec ce règlement que l'œuvre a existé jusqu'aujourd'hui. Mais le crédit annuel a été réduit à 5.000 francs. Pour montrer le mécanisme de cette œuvre fort intéressante, nous résumons dans le tableau suivant le résultat du fonctionnement de l'assurance contre le chômage en 1902 (1).

(1) *Bulletin municipal officiel de Dijon, Conseil municipal, Session extraordinaire, séance du 23 décembre 1902,* p. 804.

SYNDICATS	MEMBRES	COTISATION mensuelle.	DÉPENSES DE L'ANNÉE			RECETTES	ALLOCATION communale.
Plâtriers.	57	1 fr. 25	660 journées	à 2 fr. 00 =	1.320 fr. 00	712.25	600
Métallurgistes. . . .	88	0 fr. 50	725 »	à 1 fr. 50 =	1.091 fr. 00	528.00	400
Peintres en bâtiment.	26	0 fr. 75	174 »	à 1 fr. 25 =	217 fr. 45	119.25	100
Cordonniers.	45	0 fr. 50	245 »	à 2 fr. 00 =	490 fr. 00	270.00	200
Relieurs.	56	0 fr. 50	240 »	à 2 fr. 00 =	480 fr. 00	336.00	150
Maçons	50	0 fr. 60	425 »	à 1 fr. 50 =	640 fr. 00	346.00	300
Mégissiers.	12	0 fr. 35		=	229 fr. 00	50.00	30
Typographes.	132	0 fr. 50		=	440 fr. 00	792.00	0
Tailleurs de pierre. .	105	0 fr. 90	1204 »	à 2 fr. 00 =	2.408 fr. 00	1.134.00	1.000
Charpentiers.	22	0 fr. 50	115 »	à 1 fr. 50 =	232 fr. 00	132.00	100
Plombiers-zingueurs .	35	0 fr. 50	203 »	à 2 fr. 00 =	406 fr. 00	210.00	150
Couvreurs.	26	0 fr. 50	441 »	à 1 fr. 00 =	441 fr. 00	126.00	100
	653	0 f. 35 à 1 f. 25			8.394 fr. 45	4.849.25	3.130

Malgré tout l'intérêt qui s'attache à la tentative du conseil municipal de Dijon, on ne peut pas ne pas remarquer que c'est sans doute une singulière manière d'encourager la prévoyance que de n'intervenir au moyen de subventions, que pour autant qu'on ait mal calculé la chance de chômage, qu'on ait sous-évalué le risque, et que les membres ne s'imposent pas un sacrifice suffisant. C'est là, en quelque sorte, encourager l'imprévoyance dans la prévoyance, punir injustement la prévoyance complète et empêcher la formation de toute caisse de réserve. L'injustice du mode de répartition apparaît clairement quand on lit la notice consacrée par le rapport au syndicat des typographes. « Les recettes de la caisse de chômage de la Société typographique étant supérieures à ses dépenses, nous ne croyons pas devoir vous proposer d'allocation pour cette année, en spécifiant bien qu'il ne s'agit pas, en l'espèce, d'une fin de non-recevoir et que ce très intéressant syndicat pourra renouveler sa demande l'année prochaine si la situation de sa caisse de chômage était plus obérée. Souhaitons pour lui que cette plus-value se maintienne encore. »

Nous doutons que des encouragements purement verbaux de cette nature contribuent beaucoup à développer une assurance contre le chômage fondée sur des principes scientifiques et des sacrifices suffisants.

L'œuvre de Dijon ne prend d'ailleurs pas de grands développements : en 1897, on distribuait 2.320 francs de subvention municipale à 13 caisses ; en 1899, 7.264 francs à 12 caisses ; en 1900, 4.800 francs à 13 caisses ; en 1901, 3.340 francs à 12 caisses ; en 1902, 3.130 francs à 11 caisses (1).

L'exemple de Dijon n'a, à notre connaissance, été suivi jusqu'ici que par une seule ville française, Limoges, qui a voté pour 1897 une subvention de 6.000 francs, qui a été successivement majorée jusqu'à 8.500 francs en 1900 et 11.500 en 1902. Cette somme est répartie entre 32 syndicats au prorata du nombre des membres cotisant effectivement à chaque caisse de chômage. Aucun contrôle municipal n'est exercé sur l'emploi de la subvention. Mais depuis 1902, un contrôle mutuel est organisé par le Comité de la Bourse du travail.

(1) *Ministère du Commerce, etc. Conseil supérieur du .'ravail, Commission permanente, Les Caisses de chômage.* Paris, Imprimerie nationale, 1903.

Les résultats de l'intervention de la ville de Limoges ont été très favorables : en 1896, avant l'organisation nouvelle, la ville ne comptait que deux caisses de chômage ouvrières. Elle en groupe actuellement 32, dont le nombre des membres a été constamment en augmentant, depuis 1004 en 1898, jusqu'à 2285 en 1902.

Il existe aussi divers projets.

M. Malbranque vient de faire un rapport au conseil municipal d'Amiens, au nom d'une commission spéciale nommée pour étudier les mesures contre le chômage. La commission propose d'organiser, à l'exemple de Gand, une caisse municipale de chômage, basée sur l'organisation professionnelle et l'épargne pour le chômage, et par conséquent n'accordant de subsides qu'à ceux qui, d'eux-mêmes, font déjà ou sont disposés à faire, un effort pour obvier aux inconvénients du chômage.

A Paris, M. Bussat a proposé au conseil municipal (1), le 2 juillet 1902, un projet de dé-

---

(1) *Conseil municipal de Paris*, 1902, *Proposition relative à la création d'une caisse destinée à venir en aide d'une façon permanente aux ouvriers victimes de chômage, déposée par M. Bussat, conseiller municipal.*

libération portant que l'administration est invitée à étudier l'organisation et le fonctionnement d'une caisse, destinée à aider d'une façon permanente, les ouvriers, syndiqués ou non, victimes du chômage.

Cette proposition était motivée par le succès qu'avait obtenu le Fonds de chômage gantois dont il a été parlé ci-dessus. Elle tendait à voir le conseil municipal étudier les moyens de constituer pour Paris une œuvre analogue, mi-partie assurance pour les syndiqués, mi-partie épargne individuelle pour les non syndiqués.

A l'appui de sa proposition et comme modèle d'organisation, M. Bussat faisait imprimer le règlement d'ordre intérieur du Fonds gantois.

La proposition fut renvoyée pour étude et rapport à la commission de la Bourse du travail et le conseil municipal de Paris prit la proposition en considération. La commission du travail a demandé il y a quelques mois un rapport sur la question à l'administration préfectorale, en ajoutant qu'elle émettait un avis favorable à la création de cette nouvelle institution. Le rapport sera probablement transmis dans la présente ou la prochaine session du conseil municipal.

Diverses autres villes françaises ont également mis récemment la question de la création de Fonds de chômage à l'ordre du jour de leurs délibérations. Mais aucun projet définitif n'a encore abouti.

Les Chambres françaises ne se désintéressent d'ailleurs pas de la question de l'assurance contre le chômage et toute une série de projets de loi ont été déposés sur la matière.

On signalera, comme récentes, sans entrer ici dans l'examen des divers systèmes législatifs proposés, les propositions suivantes :

1° Caisses de retraites ouvrières, d'invalidité, d'assurance contre le chômage et d'assurance contre le décès au profit des travailleurs. Proposition de loi présentée par M. Félix Martin, le 27 février 1897 (1) ;

2° Proposition de loi ayant pour objet de garantir les ouvriers bénéficiaires de la loi du 9 avril 1898 contre les risques de chômage résultant de l'incendie ou de la destruction des

____

(1) *Doc. parl.*, n° 61, *Journ. off.*, p. 355. Rapport sommaire par Gustave Denis, le 1er avril 1897, *doc. parl.*, n° 103, *J. off.*, p. 402. Prise en considération le 17 juin 1897. Rapport Félix Martin, 7 février 1898, *doc. parl.*, n° 38, *J. off.*, p. 74. Première délibération, séance du 24 février 1898.

usines, magasins et chantiers où ils sont employés, présentée par M. Charles Dumont, député, le 28 octobre 1901 (1) ;

3° Proposition de loi ayant pour objet de prélever sur la force motrice une taxe par cheval-vapeur pour la création d'une caisse nationale de secours contre le chômage, présentée par M. Jules Coutant, député, le 18 novembre 1902 (2).

Au cours de la discussion du dernier budget, M. Bonnevay, député du Rhône, a déposé un amendement tendant à l'allocation d'une somme de 200.000 francs en vue d'assurer l'intervention de l'Etat en faveur des caisses de secours contre le chômage involontaire.

Cette proposition a été écartée cette année, partie pour des considérations financières, partie comme prématurée, la question faisant précisément l'objet de discussions au sein du Conseil supérieur du travail de France.

Celui-ci a, en effet, mis la question de l'assurance contre le chômage à son ordre du jour.

____

(1) *Doc. parl.*, n° 2694, *J. off.*, p. 26. Renvoyée à la commission de prévoyance sociale. Urgence déclarée.
(2) *Doc. parl.*, n° 458, *J. off.*, p. 202.

Mais, au contraire de ce qui s'est passé en 1896 (1), l'étude de l'assurance contre le chômage ne paraît plus tant porter sur la création de caisses officielles que sur les moyens d'encourager les syndicats à développer l'assurance contre le chômage dans leur sein même.

Comme M. Fontaine, le directeur de l'Office du Travail, le rappelait le 4 mai 1903 devant la Commission permanente du Conseil supérieur du travail, M. le Ministre du Commerce Trouillot a mis la question relative aux Caisses de chômage à l'étude à la suite du bon résultat des mesures récemment adoptées par la ville de Gand pour favoriser le développement des caisses mutuelles de chômage, fondées par les ouvriers de cette ville.

Pour favoriser la généralisation d'une solution analogue en France, et étudier ce qu'il serait possible de faire, dès les premiers jours de 1903, le ministre du commerce a adressé un questionnaire aux secrétaires de toutes les institutions d'assurance contre le chômage par manque de travail, que ces institutions fussent

(1) Ministère du commerce, de l'industrie, des postes et des télégraphes. Office du travail. *Documents sur la question du chômage*, Paris, Imprimerie nationale, 1896.

indépendantes ou rattachées à un syndicat professionnel, à une société de secours mutuels ou à une association quelconque.

Ce questionnaire, très détaillé, comprend une vingtaine de questions par lesquelles on entre jusque dans les détails les plus précis de l'organisation de l'assurance contre le chômage.

Le but, tel qu'il ressort de la circulaire d'envoi, est « d'associer les pouvoirs publics aux efforts accomplis par les ouvriers dans leurs associations syndicales ou mutuelles en vue d'assurer aux chômeurs involontaires une indemnité journalière ».

Des réponses fort nombreuses sont parvenues à ce questionnaire, qui permettent enfin d'avoir un coup d'œil complet sur le développement de l'assurance mutuelle contre le chômage en France (1).

De quelle manière les encouragements seront-ils donnés, en subsidiant les caisses de chômage ouvrières, en augmentant l'impor-

(1) Ministère du Commerce, de l'Industrie, des Postes et des Télégraphes. Conseil supérieur du travail. Commission permanente. — *Les caisses de chômage*, Paris, 1903, p. 46-71.

tance des secours, en prolongeant leur durée, d'une autre manière, la question est douteuse encore ? Sera-ce l'Etat, les municipalités ou les départements qui interviendront ? Toutes ces questions seront résolues par le Conseil supérieur du travail, dans sa session de novembre 1903.

En tout cas, quant à présent, la Commission permanente se prononce en faveur du système des subventions municipales aux caisses locales de secours contre le chômage et contre un service national d'assurance obligatoire contre le chômage.

On voit qu'en France, comme en Belgique, comme en Hollande, comme dans les pays scandinaves, et comme partiellement en Suisse et en Allemagne, le mouvement semble conduire aujourd'hui vers le développement des subventions publiques aux Unions professionnelles ouvrières.

§ 7. — L'assurance contre le chômage dans les autres pays.

Dans les autres pays, l'assurance officielle contre le chômage fait l'objet de beaucoup moins de discussions.

En Angleterre, les ouvriers dans leurs Trade-Unions consacrent à l'assurance contre le chômage des sommes plus considérables que les travailleurs d'aucun autre pays. Cependant jusqu'ici on ne s'y occupe pas d'assurance officielle contre le chômage.

Il en est de même en Amérique, où les syndicats prennent actuellement un développement plus rapide que dans aucun pays de l'ancien continent.

D'ailleurs, la dernière crise industrielle avait épargné en grande partie les pays anglo-saxons, de telle sorte que l'intérêt nouveau qu'on prend à la question n'a pas eu l'occasion de s'y développer.

En Autriche, l'assurance contre le chômage fait des progrès sensibles dans les Unions professionnelles et il est probable que la question de l'assurance officielle y fera bientôt son apparition. Déjà le député socialiste Adler a déposé à la Diète de la Basse-Autriche un projet demandant un crédit de 50.000 couronnes en faveur de l'assurance contre le chômage dans les syndicats. Mais la proposition n'a pas eu grand succès (1).

(1) *Correspondenzblatt der Gewerkschaften*, 20 janvier 1902.

Le gouvernement hongrois se fait également tenir au courant du mouvement d'assurance contre le chômage, mais dans ce pays où les caisses de chômage syndicales libres sont fort rares et où le mouvement mutualiste a pris une forme très spéciale, le succès de l'assurance officielle entre le chômage paraît actuellement assez peu assuré.

Les Russes, avec leur esprit curieux de nouveautés, s'intéressent beaucoup à la question de l'assurance contre le chômage et divers articles ont paru à ce sujet. Malheureusement les difficultés de la langue empêchent de suivre le mouvement dans ses particularités. Toutes les questions d'assurance ouvrière sont d'ailleurs vivement agitées en Russie et l'assurance contre le chômage dans des Unions ouvrières pourrait, avec les tendances actuelles de certains membres du gouvernement russe, devenir question d'ordre du jour plutôt qu'on ne le croit en général chez les Occidentaux. En tout cas, la question est assez actuelle pour que la *Revue municipale de Moscou*, ait chargé un de ses correspondants de faire en Belgique une enquête spéciale sur la matière.

En Italie, l'exemple de Bologne ne paraît pas

avoir tenté d'autres communes ou institutions. Le système des subventions aux caisses syndicales contre le chômage commence à y être discuté aussi et l'importante revue *Credito e Cooperazione* y a dernièrement consacré un article (1), dû à la plume autorisée de M. Tullio Minelli.

D'Espagne, de Portugal, de Grèce, de Turquie et des principautés balkaniques, on n'a signalé jusqu'ici aucune preuve d'activité du même ordre

(1) *Credito e Cooperazione*, Roma, 117, 1902, p. 179.

CONCLUSIONS

Comme on a pu le constater par les pages qui précèdent, le mouvement de l'assurance officielle contre le chômage a pris, au cours de la dernière crise industrielle,une direction très différente de celle qu'il avait au cours de l'avant-dernière crise.

Alors les pouvoirs publics s'occupaient surtout d'organiser de toutes pièces la prévoyance en vue du chômage.A cette œuvre de création, ils voulaient consacrer des sommes importantes. Les initiatives en ce sens partaient surtout de Suisse.

Au cours de cette crise-ci, les pouvoirs publics paraissent se contenter du rôle plus modeste, mais peut-être plus efficace, d'encourager les œuvres spontanées des intéressés et spécialement celles des syndicats. Les principales réalisations pratiques ont été faites en Belgique et le même mouvement se retrouve en Hollande, Danemark et Norvège. En France, où les idées étaient moins arrêtées] jusqu'ici, la propagande paraît suivre maintenant la même direction. En Suisse, on ne désespère pas encore du succès des caisses officielles, mais parmi les ouvriers, qui sont les principaux intéressés, on parait se rallier de préférence au système des subventions aux syndicats et le gouvernement n'y semble pas hostile.

L'Allemagne reste en dehors de ce mouvement presque général : bien que le système des subventions aux caisses syndicales paraisse jouir, là aussi, des sympathies les plus sérieuses des intéressés, l'opinion publique paraît se prononcer plutôt en faveur d'une organisation d'assurance obligatoire par l'Etat. Sur le principe, on paraît assez généralement d'accord, mais quant au mode d'organisation les idées sont encore confuses et ont besoin de beaucoup de discussions avant d'être élucidées.

TABLE DES MATIÈRES

Imp. J. Thevenot, Saint-Dizier (Haute-Marne).

LE MUSÉE SOCIAL

PUBLICATION MENSUELLE